ARGOT, VERLAN ET TCHATCHES

PIERRE MERLE

D1344666

LES ESSENTIELS MILAN

Sommaire

Les mots suivis d'un astérisque (*) sont expliqués dans le lexique ou le glossaire.

De l'argot au verlan :
des langages en marge

Parler argot, c'est d'abord parler en marge. S'exprimer de manière codée. Par nécessité, lorsque pour une raison quelconque on ne veut pas que les non-initiés comprennent ce que l'on raconte, ou bien par jeu. Ce sont les deux fonctions de base de tous les argots: cryptique et ludique. À cela il faut en ajouter une troisième. C'est celle de la connivence au sein d'un groupe. Ce sont par exemple les jargons professionnels. Naturellement, l'argot varie selon les époques. Quoi de commun en effet entre «dès qu'ils faiblissent sur le baquet, bécif*, elle les laisse quimper» et «dès qu'ils ken plus d'enfer, elle les tèj mortel»? Rien. Si ce n'est que dans les deux cas, on raconte qu'une dame a pour fâcheuse habitude de se débarrasser de ses amants dès que ceux-ci commencent à manquer d'enthousiasme à son égard. Dans le premier exemple, on est en 1950-1960. Et dans le second, à la fin des années quatre-vingt-dix. Entre les deux, le verlan (ken = niquer, tej = jeter), qui est pourtant loin d'être un code neuf, s'est imposé. Chez les jeunes surtout.

Vers une définition

Il y a presque autant de définitions de l'argot qu'il y a d'argotiers (ceux qui l'utilisent) et d'argotologues (ceux qui l'étudient). En gros pourtant, chaque époque a la sienne, en fonction de la société qu'elle engendre, mais aussi de ses fantasmes.

Chacun son approche

« *Les mots d'argot sont enfants de la rue et n'admettent que la juridiction populaire.* » Léo Ferré. De son côté, et dans un tout autre style, il faut bien le dire, le *Petit Robert* propose : « *Langage cryptique des malfaiteurs, du milieu. Langage particulier à une profession, à un groupe de personnes, à un milieu fermé.* »

Première approche

Selon le lexicographe Pierre Richelet (1631-1698), l'argot est « *le langage des gueux et des coupeurs de bourse, qui s'expliquent d'une manière qui n'est intelligible qu'à ceux de leur cabale* » (*Dictionnaire français*, 1680). La définition est goûteuse et fait surgir tout un monde de cour des Miracles (*voir* pp. 6-7). Si elle est, de façon naturelle, complètement dépassée de nos jours, c'est pourtant celle qui prévaudra jusqu'au beau milieu du XXe siècle, à ceci près que les coupeurs de bourse se seront depuis longtemps mués en apaches et autres malfrats.

Un sens élargi

Il est cependant une définition plus large de l'argot, qui apparaît et vient compléter celle de Richelet au cours du XIXᵉ siècle. Elle nous est donnée par l'écrivain et lexico-graphe Alfred Delvau (1825-1867) dans son *Dictionnaire de la langue verte* (1866): «*En France, on parle peut-être français; mais à Paris on parle argot, et un argot qui varie d'un quartier à l'autre, d'une rue à l'autre, d'un étage à l'autre.*» Outre le fait que Delvau insiste ici sur le côté éminemment parisien de l'argot avec un grand A, il introduit l'autre aspect de cette langue qui, si elle est perçue d'abord comme une langue de la pègre, est aussi celle des faubourgs et du petit peuple. Lui faisant écho, Auguste Le Breton écrira en 1960, en avant-propos de son propre dictionnaire *Langue verte et noirs desseins*: «*L'argot, langage des rues, n'est pas exclusivement employé par ceux qui vivent en marge des lois* […]. *Un chauffeur de taxi, un titi parisien, un couvreur sur son toit, un mécanicien dans son garage, etc., usent couram-ment de la langue verte.*» Il est vrai que la frontière entre argot et langue populaire est souvent floue, et que nous n'avons pas en français la distinction que font les Anglais entre le *cant* – argot dit «des voleurs» – et le *slang* – argot du peuple – (*voir* pp. 24-25).

Définition célinienne

Grand argotier à ses heures, Louis-Ferdinand Céline (1894-1961) a un jour tranché dans le vif et donné une définition qui, pour être la sienne, n'en a pas moins le mérite de résumer assez clairement les choses. À Albert Paraz, qui l'informe, en 1948, qu'une Académie d'argot vient de voir le jour sous la présidence de Francis Carco, Céline réplique: «*Ils nous font chier avec l'argot. On prend la langue qu'on peut, on la tortille comme on peut, elle jouit ou ne jouit pas.*» Le moins qu'on puisse dire est que cela a le mérite d'être clair. Et… d'éclairer, à presque cinquante ans de distance, l'argot d'aujourd'hui.

Fin de siècle

Définir l'argot de notre fin de siècle est plus délicat: en effet, le brassage des couches sociales est plus grand qu'autrefois et le Milieu traditionnel et folklorique, «le mitan», a disparu. On peut cependant parler de langage populaire spontané et non technique plaisant à un groupe social ou à une population donnée.

De tout temps, l'argot a emprunté à son environnement. Il exprime, à l'aide d'images, de métaphores, la sensibilité de son époque. C'est pourquoi chacune a son argot. Et sa définition propre.

Cours des Miracles et Coquillards

Au commencement de l'argot étaient les cours des Miracles, repaires inaccessibles (même pour les soldats du guet) de la pègre. C'est au XVe siècle que l'on découvre avec le «procès des Coquillards» le langage de cette pègre.

Une société organisée

Le monde du vol et du crime est un monde clos, une société fermée et hermétique, jusqu'au XIXe siècle. En fait, jusqu'aux grandes transformations urbaines qui bouleversent, particulièrement à Paris, les habitudes de la pègre comme celles des bourgeois. Au XVe siècle, des confréries de truands se forment au cœur des grandes villes, et en particulier à Paris. Leurs repaires sont des dédales infects et tortueux. On ne tarde pas alors à les appeler «cours des Miracles»: car, lorsque voleurs et truands (qu'on nomme sabouleux, drilles et autres narquois) y regagnent leur logis après une bonne journée de vol ou de rapine, ils «oublient» les diverses infirmités et affections qui leur ont permis d'apitoyer le passant ou de l'attirer dans un coin sombre pour le soulager de sa bourse. Entendez que, une fois rentré dans son cloaque, le faux bossu se redresse, le faux aveugle voit, le faux cul-de-jatte galope comme un lapin et comme par… miracle. Les cours des Miracles forment une société plus ou moins organisée sur laquelle règne, dit-on, le grand Coësre, secondé par ses subalternes, les cagoux.

Langue des gueux

Retranchés dans la ville, les gueux et autres truands le sont aussi par le langage. Un langage auquel le non-initié ne comprend évidemment rien. En fait, un «jargon des gueux» est bien attesté depuis la fin du XIIe siècle, et il est évident que de tout temps, les bandits, de grand chemin ou pas, se sont protégés derrière une façon de parler qui leur était propre.

Le phénomène nouveau, auquel on assiste alors, c'est la formation de grandes bandes organisées, conséquences de la guerre de Cent Ans (1337-1453).

Chronique du temps
Au procès des Coquillards, la chronique du temps note qu'ils « *ont entr'eulx un langage exquiz que les autres gens ne sçavent pas entendre* ».

Histoire de dupe
Quelques mots de Coquillards, après avoir été longtemps argotiques, sont venus enrichir le français courant. Le plus célèbre d'entre eux est le mot «dupe», dans le sens que tout un chacun lui donne aujourd'hui encore.

Coquillards de grands chemins

La guerre de Cent Ans, qui dure donc en réalité cent seize ans, est ruineuse et a comme conséquence une désorganisation totale du pays. Des paysans réduits à la misère deviennent des brigands. Se joignent à eux toutes sortes de déserteurs, de paumés, de marauds en tous genres, et cela fait du monde. Cela, surtout, fait des bandes. Et pas seulement dans les villes. La bande des Coquillards, ainsi nommés parce qu'ils «portaient coquille au colet» comme les pèlerins, est la plus célèbre. Elle est forte d'un millier d'hommes, sévit un peu partout, particulièrement en Bourgogne. Les Coquillards seront finalement arrêtés (du moins une partie d'entre eux) et jugés à Dijon en 1455. «Travaillés à la caresse», comme on dit en argot classique, certains livreront leur jargon. Ainsi peut-on dire que le premier recueil d'argot date de 1455. Il se murmure que le poète François Villon (1431-après 1463) en personne fut en contact étroit avec les Coquillards, témoins ses *Ballades en jargon* où les mots «vendangeur» (coupeur de bourse) ou «beffleur» (complice) proviennent sans équivoque du vocabulaire coquillard.

L'une des conséquences de la guerre de Cent Ans est la constitution de grandes bandes de truands. Qui dit bande dit code. On parle alors de «jargon des gueux», qui sera dévoilé au procès des Coquillards à Dijon en 1455. C'est le premier glossaire de l'argot.

Origine du mot « argot »

L'étymologie du mot «argot» est passionnante parce que discutée.

Par ailleurs, il faut savoir qu'au début du XVIIe siècle, ce mot désigne non pas un langage, mais une population : la «corporation des gueux».

Royaume d'Argot

La «corporation des voleurs» forme, à Paris au début du XVIIe siècle, un État à part. Avec ses règles, son chef, son baragoin (*voir* ci-contre), et, dit la légende, ses impôts et ses baillis dans chaque province. C'est ce que l'on appelle alors le royaume d'Argot.

Le « jargon de l'argot »

Pour désigner le baragoin de cette sorte de sous-société qui grouille dans les cours des Miracles parisiennes (*voir* pp. 6-7, on en dénombre alors une bonne dizaine, dont la plus connue se trouve à l'emplacement des futures rue Damiette et rue des Forges), on parle du «jargon de l'argot». Un certain Olivier Chéreau, marchand drapier originaire de Tours, publiera d'ailleurs en 1628 un ouvrage resté célèbre, précisément intitulé *Le Jargon de l'argot réformé*. Pourquoi ce titre? Tout simplement parce que le «jargon» en question a subi de nombreuses modifications afin de désorienter «les marpeaux qui entrevoient», traduisez: «les non-initiés qui commencent à comprendre le fameux langage, pour cause d'indiscrétions diverses».

Du « jargon de l'argot » à l'argot tout court

Peu visible et peu fréquentable, mais néanmoins connu et craint, le royaume d'Argot est surtout renommé pour son langage, véritable épouvantail pour le bon peuple. Et finalement, ce qu'Olivier Chéreau a nommé «jargon de l'argot» devient, par une sorte de métonymie* réflexe, l'argot tout court. La définition de Richelet (*voir* pp. 4-5) entérinera d'ailleurs la chose dès 1680.

Une étymologie chahutée

Si l'on se réfère à l'écrivain et grammairien Antoine Furetière (1619-1688), le mot «argot» pourrait provenir de la ville d'Argos en Grèce, sous prétexte que l'argot renferme un certain nombre de mots grecs. Une autre tendance le rapprocherait plutôt de l'ancien français «argoter» (se quereller). Certains pensent que «argot» proviendrait, par une sorte de renversement qui ne serait pas si éloigné que cela du verlan (*voir* pp. 48 à 55), de Ragot, qui était le nom d'un fameux truand du XVIe siècle. D'autres préférent le relier plus directement à «ragot» dans l'acception simple et commune de «bavardage», le mot «ragot» désignant dès le XVIIe siècle le jeune sanglier réputé peu avare de grognements inintelligibles.

D'autres encore auraient assez aimé relier «argot» au latin *ergo* (donc), mot qui, il faut bien le dire, n'est alors pas très répandu hors des écoles. Plus sérieusement, certains ont avancé que «argot» ne serait finalement qu'une altération ou une interprétation du mot «jargon» qui offre évidemment l'avantage de la proximité phonétique*. Il n'empêche que la piste consistant à donner au mot «argot» la même racine latine qu'argutie (finesse, ruse) demeure la plus séduisante.

Baragoin
« *Argot:*
Espèce de baragoin
que parlent à Paris
les gueux,
les laquais,
les polissons,
les décrotteurs
entre eux.»
Philibert Joseph Le Roux,
Dictionnaire comique, satirique, critique, burlesque, libre et proverbial,
édition de 1750.

L'argot désigne d'abord une population. Celle des gueux et des voleurs. Ce n'est qu'au cours du XVIIe siècle que, petit à petit, le mot finira par s'appliquer au langage de cette population, appelée plus tard les «classes dangereuses».

Le XIXᵉ siècle ou l'âge d'or

La grande vogue argotique se situe au XIXᵉ siècle. Pour des raisons sociales autant que sociologiques et littéraires. C'est là que les bouleversements de Paris redistribueront les cartes. Et que va se développer tout un prolétariat urbain.

« Chauffeurs », bagnards, etc.

À la fin du XVIIIᵉ siècle, beaucoup de voleurs ont pour habitude de faire parler leurs victimes en leur «chauffant» (traduisez : en leur brûlant) les pieds pour leur faire dire où ils ont caché leurs biens. On les appelle des «chauffeurs». Une bande de chauffeurs, ceux d'Orgères (Eure-et-Loir), sont arrêtés à cette époque et jugés en 1800. Comme dans le cas des Coquillards (*voir* pp. 6-7), ils livreront aussi leur jargon, celui de la pègre du temps. Or, ce langage nous mène tout droit à celui qu'utilisera un ancien bagnard devenu policier, François Eugène Vidocq (1775-1857), dans ses *Mémoires* (1828) puis dans *Les Voleurs* (1836), futurs grands succès populaires. C'est aussi Vidocq qui, le premier, apportera aux romantiques de tout poil en quête

MONSIEUR
VEUT DIRE :
« LA BOURSE OU LA VIE »

d'exotisme et d'étrange le frisson langagier du monde de la canaille et des bas-fonds. C'est donc dans ces eaux-là que va être donné le coup d'envoi de la grande mode de l'argot, qui verra les plus grands auteurs s'y abreuver, et les dictionnaires d'argot pleuvoir. Et ce n'est pas un hasard si cette «déferlante argotique» se produit sur Paris. L'une de ses conséquences sera que les passerelles langagières entre argot pur et dur (voyous) et argot du peuple (expressions populaires) vont se multiplier.

Transformations de Paris

La croissance de Paris va s'emballer avec la centralisation ferroviaire. De sept cent mille habitants au début de la Restauration (1814-1830), la population de la capitale passe à quelque 1 200 000 âmes sous Napoléon III. Attraction de la grande ville? Sans doute. Dans le même temps, Lyon s'accroît des deux tiers et Marseille des trois quarts. En tout cas, étrangers, campagnards, provinciaux en général affluent en masse. Et grâce au chemin de fer, on n'hésite pas à venir de plus en plus loin. Le journaliste Louis Veuillot dira de Paris qu'elle est « *la ville des multitudes déracinées*». De fait, la faune urbaine est le plus souvent miséreuse. Le travail est rare, et le pain trop cher. Mendicité et prostitution s'installent. Des enfants abandonnés errent, et des rôdeurs, toujours en quête de quelque mauvais coup, traînent. Et quelquefois, comme on ne manquera pas de le noter ici ou là, les classes dites laborieuses vireront «classes dangereuses».

Dans le même temps, Paris s'équipe. Dès 1817, la capitale opte finalement pour l'éclairage au gaz. Ce qui a pour effet de changer progressivement la vie nocturne, et d'amener le bourgeois à sortir de plus en plus. Cela a aussi pour conséquence de modifier les habitudes de la pègre. D'autant que les transformations voulues par le baron Haussmann (1809-1891), qui devient préfet de la Seine en 1853, vont détruire nombre de vieux repaires et autres dédales hérités des anciennes cours des Miracles (*voir* pp. 6-7). Le fait, donc, que le bourgeois pourrait être amené à côtoyer la pègre (ou le simple rôdeur) plus facilement qu'auparavant contribuera aussi, et de manière non négligeable, à cette mode argotique.

Invasion de l'argot
« Nous assistons à une véritable invasion, tout conspire à favoriser le progrès de l'argot, l'anarchie qui est dans la langue et la démocratie qui grandit dans l'État. » C'est à l'historien du langage **Ferdinand Brunot (1860-1938)** que l'on doit cette délicieuse assertion fin de xixᵉ siècle.

Un afflux massif
de population
se produit
dans un Paris
qui se transforme.
La misère grandit.
La pègre recrute.
Le langage
de cette pègre
s'enrichit d'apports
nouveaux.
Et la littérature
découvre un nouvel
exotisme:
celui des bas-fonds.

La Grande Guerre

« Le poilu ». C'est comme cela qu'on a quelquefois appelé le parler des soldats de 1914-1918, appliquant ainsi à leur langage le surnom même de ces soldats. L'influence de ce langage sur la langue populaire de l'entre-deux-guerres sera considérable.

Paname

Où et comment est né Paname (Paris)? Dans quel quartier, dans quel faubourg? La capitale a ses secrets. Heureusement! On sait seulement que le mot n'est point encore arrivé aux oreilles du chansonnier Aristide Bruant quand il publie son énorme dictionnaire d'argot, *L'Argot au XXe siècle*, en 1901. On le repère chez des maraîchers de banlieue vers 1903, puis chez les soldats juste avant la Grande Guerre. Mais c'est bel et bien pendant celle-ci, et d'abord parmi les poilus, que Paname connaîtra son véritable essor. C'est en tout cas le nom que donnent beaucoup de soldats à leur «village» dès 1916, si l'on se fie à Gaston Esnault dans *Le Poilu tel qu'il se parle* (1919). D'où vient ce mot qui se répand largement dans la langue purement argotique, mais aussi populaire, dès la fin de la Première Guerre mondiale? De nouveau, et comme c'est souvent le cas en argot, on se trouve à un carrefour d'étymologies possibles. Certains prétendront que le mot Paname (qu'on peut aussi écrire Panam) aurait pu suggérer aux poilus crottés des tranchées quelque eldorado mythique et lointain. D'où son succès au front. Pour d'autres, Paname est à relier au scandale de Panama (scandale financier survenu en 1891) dans le sens de «grand bruit», chose «énorme», comme peut l'être aussi la grande ville, la sonorité même du mot faisant le reste. D'autres encore penchent pour les «chapeaux

Histoire de «boche»
Contrairement à ce que beaucoup croient, le mot «boche» (allemand), s'il est très utilisé à ce moment-là, et pour cause, n'est pas né avec la guerre de 1914-1918. ▶ ▶ ▶

de Panama» des élégants et gandins parisiens de la seconde moitié du XIXe siècle. Tout le monde tombe d'accord pour dire que de toute façon, les deux noms – Paris et Paname – commencent par «pa», et que le reste n'est après tout qu'affaire de suffixation. De nos jours, Paname est très peu utilisé, en dépit de ce que l'on croit parfois.

Trouvailles

Les grands brassages de populations diverses qui souffrent ensemble dans les tranchées font que diverses langues, patois, dialectes, s'interpénètrent. Et puis il y a les inventions. Ces fameuses inventions spontanées quelquefois appelées à faire une grande carrière, voire à intégrer le français dit «central*». Bref, c'est là que naissent ou bien s'enracinent des mots qui se fondront ensuite dans l'argot classique, comme bled (dans le sens de village), corniflot ou pousse-au-crime (eau-de-vie, alcool), la péter (avoir faim), pétoche (peur), pouloper (se hâter), vasouillard (sans entrain, pas clair), et tant d'autres!

Anecdote

Si le canon ennemi est, sur le front, surnommé le «petit brutal», le nôtre est bien joliment appelé «la flûte» (mot repéré en 1918). À cause de son casque, le soldat allemand est (entre autres) surnommé le «pointu». Et être vêtu d'une capote croisée à deux rangées de boutons revient à «être habillé comme une truie avec deux rangées de tétons».

▶ ▶ ▶ Il est en fait repéré dès 1862. Explication : « boche » est alors une suffixation courante. Ainsi le mot rigolo donne-t-il « rigolboche » (par exemple). Rien d'étonnant alors à ce que allemand donne «alboche» puis «boche» par aphérèse*. De nos jours, le mot a complètement disparu.

Qu'ils soient fantassins, aviateurs, artilleurs ou autres, des soldats de toutes origines et de tous horizons se retrouvent côte à côte face à l'ennemi. Patois, dialectes et jargons se mélangent allègrement. Des mots apparaissent. Beaucoup resteront dans l'argot et dans la langue populaire.

Années soixante : le Milieu se transforme

Petites femmes, julots casse-croûte (petits maquereaux), perceurs de coffiots (coffres) et tontons-flingueurs au langage fleuri, c'est l'image d'Épinal du Milieu d'après-guerre. Les années soixante-soixante-dix la balaieront. Restera un « argot de papa ».

« Milieu » ? Mais de quoi ?

Précisons-le tout de suite pour les amateurs de datations littéraires, le mot « milieu » apparaît pour la première fois en mars 1920 dans une pièce de théâtre signée Francis Carco et André Picard, *Mon homme*, créée au théâtre de la Renaissance. On s'accorde à dire que l'expression « le Milieu », ainsi que sa variante argotico-provençale

«le Mitan» pour évoquer «le milieu de la pègre et des voyous», circulent alors depuis une dizaine d'années. Désormais, on dira de plus en plus «le Milieu» comme avant on disait «la pègre» et jadis «le royaume d'Argot». Des figures du Milieu? Il y a le choix: de Manda (l'amant malheureux de Casque d'or, *voir* pp. 28-29), homme du Milieu avant la lettre, à Mesrine en passant par les Bébert l'Enjôleur, Jo l'Italien, Pierrot le Fou, Jo Attia, Émile Buisson, les Zemour, etc.! Claude Dubois, historien de Paris, leur a d'ailleurs consacré un livre très complet: *Apaches, voyous et gonzes poilus* (1996). Leur langage, leur faconde? Pas de problème! Comme le confirme Alphonse Boudard, autre orfèvre en matière d'argot, on n'est jamais très éloigné des dialogues à la Simonin-Audiard, c'est-à-dire du folklore, code d'honneur et lois du Milieu inclus! Et comme le remarque Robert Giraud dans *Le Royaume secret du Milieu* (1965): «*En fait, le Milieu peut se définir par ces deux proverbes: Faut jamais affranchir les caves. Faut prendre la fraîche ousqu'elle se trouve.*»

Changement de décor

De même que les transformations de Paris voulues par Haussmann avaient changé les habitudes de la pègre dans la seconde moitié du XIXe siècle (*voir* pp. 10-11), les démolitions et reconstructions de quartiers entiers de Paris jouent un rôle dans la destructuration du Milieu parisien dès les années soixante. Il n'est qu'à se promener en 1997 dans le quartier des Halles ou dans les rues dites (encore) «chaudes», la rue Saint-Denis par exemple, et de comparer avec ce qu'elles étaient voici trente ans, pour s'en rendre compte. Paris n'est d'ailleurs pas un cas unique. Mais là n'est pas la seule raison de la transformation du Mitan. Le monde du crime en général a changé. D'abord parce que les caïds se sont entretués, entraînant avec eux la disparition de leur langage et de leurs expressions propres. Et ensuite, tous les spécialistes en conviennent, l'arrivée du trafic de drogue à grande échelle a redistribué les cartes: il est plus juteux et en principe moins dangereux de faire du trafic de drogue que de se spécialiser dans le hold-up.

Échantillon
«*Les trois faux marlous de province qui flambaient au 421 se détranchèrent sur l'arrivant. Ils écarquillèrent leurs mirettes. Merde! Comment qu'il était saboulé le lascar! Comme dans les films ricains.*» **Auguste Le Breton**, *Razzia sur la chnouf*, 1954.

L'urbanisation, les changements dans la société, l'arrivée massive (avec le trafic de la drogue) d'une nouvelle forme de criminalité ont bouleversé l'ordre, la hiérarchie, les structures du Milieu. Et son langage a suivi. Tant pis pour le folklore!

Mai 68 : les murs et la parole

On l'a dit et répété, en mai 1968, les murs ont pris la parole. Pas forcément en argot, d'ailleurs. Souvent même, la phraséologie était à la limite précieuse. Il n'empêche : c'est là que la jeunesse, crûment, se libère et libère son langage.

Ras le bol
C'est une des expressions types de Mai 68. Contrairement à ce que l'on croit, le « bol » ne signifie nullement la tête ou le visage, mais bel et bien, et cela depuis la fin du XIXe siècle, le cul. « Ras le bol » égale « ras le cul ».

S'éclater...

« *S'éclater (v. 1968) mod. et fam. Éprouver un violent plaisir (dans une activité). S'éclater comme des bêtes = jouir. Il s'éclate vraiment dans son boulot. Cf. Prendre son pied.* » Voilà la définition de ce verbe magique que donne le *Petit Robert*, édition 1997. S'il y a bien en effet un mot qui peut symboliser Mai 68, où l'on racontait, « à tour de langue », que ce qu'il fallait faire c'était l'amour, pas la guerre, c'est bien celui-là ! Et le dictionnaire ne se trompe pas en le datant (même prudemment) de cette année-là.

⌐... et prendre son pied !

Quant à «prendre son pied», il s'agit d'une très vieille expression qu'on voit en fait apparaître au début du XIXe siècle. Rien à voir avec une quelconque position acrobatico-érotique, puisque ce pied-là signifie: une (bonne, ou juste) part du butin. C'est le moment de rappeler qu'un pied égale environ 0,32 mètre. L'expression prend naissance, comme de bien entendu, dans le monde des voyous. Il faut attendre les années 1920 pour qu'elle fasse une première percée dans la sphère érotique. Dans un premier temps, elle ne s'emploie d'ailleurs que pour les femmes. Témoin cet extrait de *La Bonne Vie* de Jean Galtier-Boissière (1925): «*Quand j'ai un bonhomme dans la peau, je ne prendrais pas mon pied avec un autre. Je le voudrais que je ne le pourrais pas.*» Francis Carco, dès 1926, en élargit le sens dans *L'Amour vénal*; puis l'expression, sans tomber réellement en désuétude, chemine doucement entre argot et sous-entendu «popu», jusqu'au joli mois de mai 1968.

Depuis, «prendre son pied» est entrée de plain... -pied dans les mœurs et dans les dictionnaires comme simple synonyme à peine un peu plus familier que «prendre plaisir».

Premiers pas du pied
«*Pied: dîme prélevée par les tireurs sur le chopin des nonnes et des coqueurs.*» Telle est la définition que donne Vidocq dans *Les Voleurs* (1836, *voir* pp. 10-11). Signalons qu'ici tireur signifie voleur à la tire ; nonne (ou nonneur) et coqueur, complice ; et chopin, vol.

⌐Libre parole

«Soyez réaliste, demandez l'impossible!», «Métro-boulot-dodo», «La société est une fleur carnivore!», «Il est interdit d'interdire», «Sous les pavés, la plage», etc. Partout, dans la rue, sur les murs de la Sorbonne, du théâtre de l'Odéon ou d'ailleurs, s'étalent maximes et slogans.

Indiscutablement, le goût de la formule se répand. De nouveaux mots arrivent, comme faf (fasciste), phallocrate, joint (cigarette de marijuana), flipper (être angoissé), fliquer (surveiller) et tant d'autres, dont on ne sait pas encore qu'ils finiront dans les dictionnaires classiques. Le langage psychanalytique, de son côté, va s'offrir une petite percée dans la langue de tous les jours. Et l'argot, dans tout ça? Lui aussi, il évolue librement. C'est ainsi que les mots flic et fric (par exemple) vont sortir définitivement du ghetto purement argotique pour s'intégrer au langage courant.

En mai 1968, beaucoup, et en particulier les jeunes, ont eu le sentiment qu'ils pourraient changer le monde par la parole. Ce qui est vrai c'est que le langage, lui, s'est libéré, et que nombre de mots nouveaux sont nés pendant cette période.

1981 : tchatche sur radios libres

L'un des premiers gestes symboliques du nouveau président de la République, François Mitterrand, élu le 10 mai 1981, sera d'autoriser les radios dites «libres». Au petit bonheur, il va se mettre à pleuvoir de la tchatche de rue sur les ondes.

Tchatcher dans le poste

Quand débute le mouvement des radios libres avec Radio verte en 1977 (et après, çà et là, quelques tentatives locales), on parle encore de «radios pirates». Les bricoleurs de Radio verte sont retranchés dans l'appartement de Jean-Edern Hallier, à côté de la place des Vosges à Paris. Comme on dit alors avec une gourmande envie dans la voix : ils «causent dans le poste». C'est que le verbe tchatcher, qui va connaître une formidable montée en puissance au cours des années quatre-vingt, n'existe pas encore. Il apparaîtra seulement en 1983, notamment dans le monde des radios libres (l'une de ces nouvelles radios qui vont éclore va d'ailleurs s'appeler Radio-Tchatch). Puis, comme tous les mots épidémiques de la marge, il finira par intégrer le *Larousse*, comme il se doit. Tchatcher vient de «tchatche», qui provient lui-même de l'espagnol *chacharear*, «bavarder». Si le mot se dit depuis quelque temps du côté de Marseille, il a été importé en région parisienne par les rapatriés d'Afrique du Nord au début des années soixante, sans percer alors véritablement dans la langue de tous les jours. Bref, dès le début des années quatre-vingt, ça va «tchatcher» et non plus «causer» dans le poste, comme on le fait sur les stations classiques. La différence est d'importance. En effet, si le verbe causer fait penser au rigide «causerie», le verbe tchatcher contient implicitement l'idée d'un bouillonnement volubile incessant, sympathique (on dirait aujourd'hui : convivial) et brouillon.

Radios pirates : l'exemple anglais

Dès la fin des années soixante, les radios pirates anglaises (ainsi appelées parce quelles émettaient sur de vieux rafiots à la limite des eaux territoriales) ont montré la voie. Par la musique d'abord, et par la liberté de ton ensuite.

Carbone et les autres

Le 16 septembre 1981 paraît dans *Libération* une petite annonce ainsi libellée : « *Cherche personne ayant du temps libre en vue constitution radio, bénévole au début, payée ensuite selon pub ou pas pub.*» Une centaine de réponses affluent en une semaine, et le 13 décembre de cette même année, Carbone 14 (c'est le nom de la station) peut émettre. Gros mots, insultes, sexe, etc., « *on va s'en fourrer jusque-là*», comme dit la chanson. À tort ou à raison, Carbone incarnera pour beaucoup l'esprit, l'insolence, et bien sûr la tchatche du début des années quatre-vingt, dont il ne faut pas oublier qu'elles sont aussi les «années Coluche», autrement dit les années-dérision aux accents de critique sociale virulente (en 1981, le fantaisiste a envisagé de se présenter à l'élection présidentielle, pour « *tous, leur foutre au cul*», comme disait Coluche, bras d'honneur brandi).

Mots et expressions

Le langage des jeunes se renouvelle et improvise. Outre la fameuse «tchatche», beaucoup d'autres mots commencent à circuler. La «galère», par exemple, que les radios locales connaissent bien. Galère pour les autorisations et les fréquences, entre autres choses. Le «plan» (plan ceci, plan cela…) qu'on entend partout et sur un peu toutes les fréquences, «ça craint», etc. Sans oublier la fameuse expression «y'a pas de lézard», un peu trop hâtivement attribuée à la radio La voix du lézard.

En 1981, l'arrivée des radios libres, appelées ensuite radio locales, va changer considérablement le ton, puis le message, et donc le langage de la radio. Pour beaucoup de jeunes, on ne «cause» plus dans le poste, on y «tchatche».

Les années branchées

Si le mot «branché», aujourd'hui encore, est juste synonyme de «à la mode», «in», l'expression «années branchées» correspond à une époque bien précise : la période 1980-1986, où l'on jargonnait à tout-va, entre argotismes et préciosité.

Ce que branché veut dire

«*Brancher : mettre en rapport, en contact, en vue d'une association.*» Telle est la définition donnée par Albert Simonin dans son *Petit Simonin illustré*, 1957. Pour qui connaît la vie et l'œuvre d'Albert Simonin, qui fit entrer l'argot dans la littérature policière (*Le cave se rebiffe, Du mouron pour les petits oiseaux, L'Élégant,* etc.), pas de doute, le mot vient de la rue. À l'époque d'Albert Simonin, on branche quelqu'un avec quelqu'un d'autre (ou on le «met en cheville»), ou encore sur quelque chose. L'exemple qu'il donne dans son *Petit Simonin illustré* ne laisse d'ailleurs guère de place au doute : «*Je l'ai branché avec Nestor, je sais que son équipe monte un petit flanche [affaire délictueuse*

Drogue
C'est aussi au cours des années quatre-vingt que vont faire irruption dans le langage courant des mots venus du vocabulaire de la drogue, comme : planer, flasher, flipper, atterrir, trip, etc.

quelconque]. » Après un passage tranquille dans la langue populaire, le mot tend à tomber en désuétude lorsqu'un jour, au seuil des années quatre-vingt, le voilà qui refait surface, on ne sait trop par la grâce de qui. Et il repart pour une nouvelle carrière.

Les branchés

Au début des années quatre-vingt, plus question d'être «branché avec» ou «branché sur». On est «branché» tout court, c'est-à-dire à la mode, ou on n'est rien du tout, on est alors un «blaireau». Le président Mitterrand donnera d'ailleurs un sérieux coup de pouce au mot dans son sens «mode» lors d'une célèbre interview accordée en avril 1985 au journaliste star (d'alors) Yves Mourousi. Parallèlement, une expression voit le jour: «ça me branche», qu'on peut naturellement traduire par «ça me plaît», ou «ça m'intéresse». Les branchés, donc, de ces années-là, phraseront beaucoup. «Ça me branche» peut alors sans problème s'intellectualiser en «ça m'interpelle», quand ce n'est pas «ça m'interpelle quelque part». Et on s'en souvient peut-être, quand on est, dans ces années-là, interpellé quelque part, c'est toujours «au niveau» de ceci ou de cela, quand ce n'est pas, en toute simplicité, «au niveau du vécu». Bref, le branché est précieux, se veut intello même s'il n'a pas ouvert un seul livre de sa vie, et phrase jusqu'à plus soif, à longueur de soirée.

Histoire d'«os»

Si, d'une certaine manière, la préciosité branchouillarde prépare mine de rien le terrain à la future vague de «politiquement correct» qui arrivera au début des années quatre-vingt-dix, d'autres tics de langage demeurent proches d'une évidente tradition argotique. Le verlan (*voir* pp. 48 à 55), code marginal de vieille tradition voyoute, s'installe. Et les abréviations (apocopes* et aphérèses*) se taillent la part du lion. En outre, une nouvelle suffixation épidémique pointe le bout de son nez: les «os». Comme autrefois les «ard» (épicemard, tubard…) ou les «uche» (truquemuche, argomuche…). C'est le temps des calmos, tranquillos, débilos, coinços, rédhibos, craignos, et ainsi de suite.

Nana…

« *Nana cherche keum trip skin keupon psycho 24-28.* » (Petite annonce de *Libération* du 14 juin 1986, signifiant que la dame recherche un jeune homme – keum, ou mec – d'apparence skin ou punk de 24-28 ans branché psychobilly.)

À partir de 1980, être «branché», vieux mot d'origine purement argotique, devient synonyme de : être à la mode. Et parler branché, c'est suivre l'abondante et (relativement) précieuse phraséologie du temps.

Langue des banlieues et langue des jeunes

L'argot est-il totalement, partiellement ou pas du tout soluble dans ce qu'on appelle la « langue des keums » (keum = mec, en verlan), ce langage à la mode du côté des cités et des banlieues dans les années quatre-vingt-dix ?
Question passionnante et passionnelle.

Un nouvel argot ?

La mode du verlan enrichi de mots et d'expressions issus de diverses communautés immigrées, et de langue «rock», largement relayée par la presse pour jeunes, a fini par créer sinon une langue, du moins une nouvelle manière de s'exprimer. Faut-il pour autant évoquer un nouvel argot ? Il semblerait plus sage de parler de «composante» de ce qui constitue l'argot de la fin du XXᵉ siècle. Même si la langue des keums, c'est évident, a quelquefois un petit côté sabir. *« Sabir : système linguistique mixte limité à quelques règles et à un vocabulaire déterminé d'échanges commerciaux, issu des contacts entre des communautés de langues très différentes et servant de langue d'appoint »*, dit le *Petit Robert*. Avant d'ajouter *« par ext. et péj. langage hybride, fait d'emprunts, difficilement compréhensible »*. Beaucoup de linguistes préfèrent, sans peur de la langue de bois, parler de «langage de jeunes en situation de conquête du français». Il y a en tout cas dans la langue des banlieues et des cités, puis par extension dans celle des jeunes, un évident dénominateur commun avec l'argot classique : la joie, le plaisir de dire, une jubilation de la réplique clin d'œil.

Tradition

Daron (père), gratter (resquiller), schmitt (flic), marave (bagarre), daube (mauvaise qualité), etc. Beaucoup de mots d'argot ancien circulent dans la langue des cités d'aujourd'hui.

Fascination

Ce qui semble en revanche évident, c'est la fascination qu'éprouve notre époque (et particulièrement les médias) pour cette langue des jeunes des cités. Si l'on prend en compte le fait que souvent, à tort ou à raison, la banlieue est perçue comme dangereuse, on ne peut qu'être amené à établir un lien entre cette fascination-là et celle du bourgeois d'il y a une centaine d'années pour la «langue

des voleurs»
(*voir* pp. 10-11). Et il est vrai que
le succès d'édition de la parlure banlieusarde
(cinq dictionnaires, rien que pour l'année 1996!)
de notre fin de siècle ne peut que rappeler celui que
connurent les dictionnaires d'argot de la seconde moitié
du siècle dernier.

Injures, insultes, etc.

Il y a un phénomène tout à fait atypique dans ce langage.
C'est le manque d'inventivité dans le domaine autrefois
si foisonnant de l'injure. Entendons-nous bien: on s'injurie
et on s'insulte toujours allègrement, en banlieue ou ailleurs,
au volant de sa voiture, dans les stades, dans la rue, partout
et tout le temps. Mais on le fait de manière traditionnelle.
Il faut savoir par exemple que «connard» date du Moyen
Âge, «connasse» du début du XIXe siècle, «salope» de la fin
du XVIIIe siècle, «enculé» du milieu du XIXe siècle, et que
«baltringue», pourtant considéré comme une injure
récente, remonte à 1970. Certes sont arrivées à la rescousse
les injures nées dans les communautés immigrées («Nique
ta mère, ta sœur, ta race, etc.»). Mais c'est de l'importation.
Pas de l'invention. Et ce ne sont pas les bien pâlots «bouf-
fon», «couillon-la-lune» ou «tête de slip», réputés dernier
cri, qui y changeront quelque chose.
À suivre!

> La langue
> des banlieues
> est une des
> composantes
> de l'argot actuel.
> La fascination
> que notre époque
> éprouve pour elle
> n'est pas sans
> rappeler celle
> du bourgeois
> du XIXe siècle pour
> l'argot des rues.

En Europe

Il n'y a pas que la France qui argotise, qui jargonne, et même qui verlanise, encore que cette dernière spécialité soit quand même surtout française. À l'heure où l'Europe se fabrique, un petit coup d'œil sur nos voisins s'impose.

ON FINIT TOUJOURS PAR CAUSER LE MÊME LANGAGE

Comment dites-vous ?

Si en France nous avons l'argot, les Anglais ont le *slang*, au sens très large du terme (autrefois, le *cant*, ou «argot des voleurs», vivait sa vie de son côté) ; les Allemands ont la *Gaunersprache* (littéralement : langue des filous) qu'ils rebaptisent quelquefois *slang*. Les Belges disposent du *brusseleer* (un vigoureux dialecte bruxellois). Aux Pays-Bas, on parle de *dieventaal*, parfois appelé aussi *slang* ; les Italiens ont le *gergo*. En Espagne, il y a la *jerga*, appellation plutôt réservée aux jargons de métiers, ou l'*argot* (le mot français prononcé à l'espagnole), et le *calo* s'il s'agit d'argot d'origine gitane; et au Portugal le *calao*. Le verlan se pratique en Grande-Bretagne, où il prend le joli (et évident) nom de *backslang*. Morceaux choisis de ce dernier: *yob* pour *boy* (d'abord dans le sens de «gros dur», puis, depuis quelque temps, dans celui d'homo, «mec à mec»), ou *ixnay*, qui vient en droite ligne des États-Unis, via le yiddish et l'allemand *nichts* («rien») prononcé «nix», puis approximativement renversé. D'autre part, dès le milieu du XIXe siècle, les marins anglais appelaient leur rhum (*rum*) *mur*.

L'exemple d'outre-Manche

Dans l'introduction à son *Dictionnaire de la langue verte* (1866), Alfred Delvau explique ainsi le choix de ce terme de «langue verte» (apparu en fait en 1852, pour désigner au départ – d'où son nom – la langue secrète des tapis verts, autrement dit des joueurs): «*Je n'ai pas plus inventé cette appellation singulière que je n'ai inventé les divisions de* cant *et* slang, *qui servent à distinguer les argots anglais, et qui m'aideront à distinguer les argots parisiens. Le* cant, *c'est l'argot particulier; le* slang, *c'est l'argot général. Les voleurs parlent spécialement le premier; tout le monde à Paris parle le second.*» Plus de cent trente ans après cette indispensable distinction, nous ne disposons (et n'avons toujours disposé) que d'un mot, «argot», et les Anglais sont bien obligés d'admettre que de leur côté, le *cant*, exactement comme chez nous «l'argot du Milieu», appartient à un passé déjà ancien. Outre le *backslang*, déjà évoqué plus haut, le *rhyming slang*, s'il n'a plus sa superbe d'autrefois, «la ramène» encore. Le *rhyming slang*, ou «argot en rimes», est né dans les bas-fonds de Londres vers 1840. Le principe en est simple, l'art difficile, et la pratique, pour nous Français, inconnue. Il faut substituer au mot qu'il ne faut pas prononcer une expression-code qui rime avec lui. Exemples: *orchestra stalls* (fauteuils d'orchestre) remplacera *balls* (couilles). *Tom tit* se dira pour *shit* (merde).

Drogue et argot anglo-américain

C'est dans le trafic et la consommation de drogue que les codes argotiques anglo-américains pénètrent le plus l'argot français. Exemples: *stick* (cigarette de hasch), *wrap* (bout de crack enveloppé), *smack* (héroïne), *ex* (ecstasy), etc.

À chaque pays, et surtout à chaque capitale de ce pays, son argot. Si le verlan a envahi la France, il ne connaît que peu d'écho en Grande-Bretagne. Sans doute pour des raisons de structure de la langue, il est (à ce jour) inconnu en Allemagne.

Les jules

Pas d'argot sans « gueules », autrement dit sans visages d'argotiers célèbres qui sont tous gravés dans notre mémoire collective. Et puisque l'argot, c'est bien connu, est viscéralement macho, honneur aux jules, aux hommes si l'on préfère...

Miteux et enfoirés
« *Salauds, tas de cochons, gueules de miteux !* »
C'est en ces termes choisis que Aristide Bruant accueillait ses clients au cabaret Le Mirliton, en 1885.
« *Enfoirés !* » C'est ainsi que cent ans plus tard, Coluche saluait à la télévision. Un air de famille ?

Les anciens

« *T'as d'beaux yeux, tu sais !* » C'est à la langue verte elle-même qu'il aurait pu s'adresser, Jean Gabin, ce jour de 1938. Et comme le fait Michèle Morgan dans *Quai des brumes* (1938), celle-ci n'aurait pas manqué de lui répondre : « *Embrassez-moi.* » Et il l'aurait fait. Avec délices. L'argot de Gabin, du moins du Gabin deuxième époque, celle de *Touchez pas au grisbi* (1954), c'est celui des polars des années cinquante. Celui des Simonin, Le Breton et autres Michel Audiard.

Et à y regarder de près, cet argot-là n'est pas bien différent

T'AS DE BELLE MIRETTES, TU SAIS...

HISTOIRE | GRANDES GUEULES | ARGOT LITTÉRAT

de celui que le chansonnier montmartrois Aristide Bruant (1851-1925), lui-même grand admirateur de Vidocq (*voir* pp. 10-11), avait recueilli dans son dictionnaire *L'Argot au XXe siècle*.

Jusqu'au milieu des années soixante, on verra arriver pas mal d'argotiers de poids. Et cela indépendamment, ou juste en marge du monde littéraire. Ainsi l'incontournable Maurice Chevalier (1888-1972), le peintre Gen Paul (1895-1975), grand ami de Céline (1894-1961), doué d'une gouaille montmartroise ravageuse et d'une maîtrise époustouflante de ce vieux code voyou appelé le louché-bem, ou argot des bouchers (*voir* p. 40). Il faudra compter également avec Robert Lageat (né en 1911), patron de la célébrissime boîte Le Balajo, et avec celui qui en fut le roi grâce à sa « boîte à frissons » (l'accordéon) : Jo Privat (1919-1996). Côté cinéma, dans le registre « titi-la-gouaille », il ne faudrait pas oublier Julien Carette (1897-1966), éternel persifleur né à Ménilmontant, Raymond Bussières (1907-1982) et, plus près de nous, Michel Audiard (1920-1985), Maurice Biraud (1922-1982) ou André Pousse (né en 1919).

⌐Les modernes

Inévitable gouailleur de tête de liste : l'acteur et producteur Jean Yanne (né en 1933). L'argot de Pierre Perret (né en 1934) fleure bon la recette de la langue verte à la bonne franquette. Témoin son dictionnaire *Le Perret illustré par l'exemple*, et naturellement ses chansons. Autre grande gueule, versant politique/show-biz, cette fois : Bernard Tapie, né en 1943, ex-ministre de la Ville, homme d'affaires, coqueluche des médias, acteur et on en passe. De plus, il faut citer ici les comédiens issus de l'école du café-théâtre (les Patrick Dewaere, Gérard Jugnot, Michel Blanc, Gérard Lanvin, etc.) qui, avec leur nouvelle approche de la satire sociale et leur parler cru, ont su, dès la fin des années soixante-dix, renouveler la tradition comique française.

Et bien sûr, il est difficile de ne pas évoquer Coluche (1944-1986), immense comique et gars de Montrouge qu'avait pas la menteuse dans la fouille, c'est-à-dire sa langue dans sa poche.

> Difficile de penser « argot » sans qu'immédiatement des images, des visages nous reviennent à la mémoire. Ce sont les « grandes gueules » de l'argot. Et côté « jules », il y a le choix.

Les bergères

Bergère, en argot classique et traditionnel, est l'une des cent et quelques traductions possibles du mot «femme». Elle est devenue très rare à la fin du XXᵉ siècle qui semble lui préférer «meuf». Tour d'horizon des argotières célèbres.

Quand La Goule gouaille

«*Eh, Galles ! Tu payes l'champagne ? C'est toi qu'invites ou c'est ta mère qui régale ?*» Et le prince de Galles offrit le champagne à La Goule. C'était en 1893 aux Jardins de Paris, un bal des Champs-Élysées.

Goualeuses et gouailleuses

En argot classique et traditionnel toujours, la goualeuse, c'est la chanteuse. Des rues d'abord, et chanteuse tout court ensuite. Parmi les goualeuses, il est difficile de ne pas retenir le nom de Mistinguett (1875-1956), égérie de Maurice Chevalier et vedette du caf'conc' et du music-hall, aux jambes et à la gouaille absolument parfaites. Même chose, mais dans un tout autre genre, pour Fréhel (1891-1951), la chanteuse réaliste. Sans oublier La Goule (1866-1929, *voir* ci-contre), reine du Moulin-Rouge, dont la faculté de «repartie au quart de tour» est restée célèbre. Ainsi raconte-t-on qu'un jour, le grand-duc Alexis de Russie, vexé qu'elle ait shooté dans son chapeau (mais que faisait-il donc au premier rang ?) pendant la représentation, lui avait dit que dans son pays, on l'aurait fait fouetter pour un tel affront. À quoi elle répondit du tac au tac : «*Oui, mais on est à Paris et je te dis merde !*» On raconte aussi que le grand-duc, littéralement cinglé – cette fois – par cette réponse, offrit à La Goule une fin de soirée nettement plus tendre…

HISTOIRE   GRANDES GUEULES   ARGOT ET LITTÉRATURE

Évidemment, il y a Arletty (1898-1992), avec son accent made-in-Courbevoie et ses atmosphères, ou encore Suzy Delair (née en 1916) et son tralala! Et si, un instant, on quitte la scène pour la rue, et plus particulièrement pour la rue début de siècle, on tombe, quelque part à l'angle de la rue Popincourt et de la rue du Chemin-vert (Paris, 11e arrondissement), sur «Casque d'or», immortalisée (et romancée) par Simone Signoret en 1952 dans le film de Jacques Becker portant ce titre. «*Les apaches! Les mohicans! Casque d'or! Tout ça, c'est des inventions de journalistes. Entre nous, on s'appelle les copains!*», disait Amélie Hélie en 1902, prostituée notoire, héroïne de faits divers, et plus connue en effet sous le surnom de «Casque d'or».

Mais la gouaille féminine ne s'est pas éteinte avec les goualeuses début ou milieu de siècle, célèbres ou non, ni avec «Casque d'or». Ainsi, il y a aussi, par exemple au cinéma, Françoise Rosay et Ginette Leclerc dans *Le cave se rebiffe* (1961), l'inénarrable Jacky Sardou et quelques actrices typées popu des années soixante genre Dany Carel ou Dany Saval, ou encore typées branchées des années quatre-vingt, comme Béatrice Dalle.

Drôlesses

L'exercice (plus ou moins) solitaire de la scène, et en particulier des petites scènes du café-théâtre à partir du début des années soixante-dix, encourage certaines femmes à se lancer. Souvent dans un registre plutôt cru, côté langage. On les appellera quelquefois les «drôlesses», encore que les femmes n'aient pas attendu cette époque-là pour être drôles. C'est un autre débat. Les années soixante-dix révéleront en tout cas des comédiennes comme Josiane Balasko, Anémone, Dominique Lavanant, Les Jeanne, ou Marianne Sergent (qui proposera entre autres, en 1976, un spectacle intitulé «Rendez-moi mes baskets» dont on dit qu'il pourrait être à l'origine de la fameuse expression «lâche-moi les baskets»). Le moins qu'on puisse dire, c'est que toutes savent parler leste et cru. Les années quatre-vingt et quatre-vingt-dix auront aussi leurs drôlesses avec les Valérie Lemercier ou autre Muriel Robin (peu argotique en vérité, mais lanceuse d'expressions populaires nouvelles comme «*j'im-prime pas*», autrement dit: je ne comprends pas).

Bien que, traditionnellement, l'univers argotique soit plutôt du genre macho, et cela quelles que soient les époques auxquelles on se réfère, elles ne sont pas si rares celles dont le nom ou le visage reste associé à une forme de parler cru.

Argot et langue populaire

Les grandes bandes isolées de truands disparaissent au XIXe siècle. Les voyous se mêlent alors à la vie de rue. De l'argot pur se déverse dans la langue populaire – celle des « grandes gueules » anonymes de la vie de tous les jours –, qui, à son tour, exercera sur lui une influence grandissante.

Argot et vulgarité

L'argot est-il vulgaire ? À une époque qui croit subtil d'établir une frontière infranchissable entre grossièreté (qui serait saine, revigorante, dérangeante…) et vulgarité (réputée infréquentable pour les gens de qualité que, bien sûr, nous sommes tous…), la réponse semble simple. Grossier, oui ; vulgaire, jamais ! Reste que quand même, que cela plaise ou non, l'argot n'est pas langage à être « dévidé » n'importe où, et qu'il vaut quand même mieux dire : « L'ensemble du butin est évalué à au moins trois cent mille francs » plutôt que « Fraîche, diams et joncaille, l'blaud chiffre fastoche à trente plaques ». Reste aussi que si, comme on le dit souvent, la vulgarité d'une personne peut se révéler dans sa démarche et simplement dans sa façon de dire bonjour, l'argomuche est rarement « classe ». De son côté, la langue populaire n'est pas toujours d'une délicatesse à toute épreuve, comme le montrent beaucoup de refrains repris à l'unisson dans les caf'conc' ou les cabarets à partir de la fin du XIXe siècle (mais pas seulement à cette époque-là…).

Évolutions parallèles

À l'aube du XIXe siècle, la moitié de la nation ne parle pas ou pratiquement pas le français. Progressivement, émigration vers les grandes villes (réseau routier, chemin de fer), industrialisation, tour de France des Compagnons et scolarisation en français vont commencer à changer cette situation. Comme c'est le cas pour l'argot, l'évolution du français dit populaire va être intimement liée à celle de Paris. Dès le XVIIIe siècle se développe dans la capitale un langage populaire proprement urbain, distinct des patois et autres

dialectes pratiqués hors la ville: le poissard. Quand, après la Révolution, Paris grandit dans des conditions de misère (*voir* pp. 10-11), ce parler urbain composé de mélanges de dialectes gueulards et de jargons professionnels (et les petits métiers sont alors légion) ne cesse de croître. Il va contribuer à élaborer le parler des classes laborieuses, comme l'argot sera celui des classes dangereuses. Tous deux sont vifs, imagés, colorés, truculents. On constatera que si les périodes de calme social favorisent la diffusion du français central* dans la population – que certains préfèrent appeler la «populace» –, l'argot en revanche progresse dans les périodes houleuses. Ainsi la Commune jouera-t-elle un grand rôle dans la diffusion de l'argot à Paris. Et la carte des foyers argotiques de la ville sera alors la même que celle des foyers de résistance de la Commune en 1871.

Histoire de fric

Le mot «fric» apparaît chez les cambrioleurs en 1879.
Il dérive de fricot qui signifie nourriture, mais aussi «activité fructueuse». Surutilisé, il entrera vers 1965 dans la langue populaire, puis juste familière, comme dit le dictionnaire.

Par définition, la notion de langue populaire, celle des « grandes gueules » anonymes que l'on peut rencontrer au bistrot, dans la rue ou ailleurs, est floue et changeante. Elle se situe quelque part entre argot et langue familière. Elle partage avec l'argot un impérieux besoin d'image, ainsi qu'une forte charge d'affectivité et d'expressivité.

De Villon à San-Antonio

De tout temps, l'argot a enrichi la littérature. François Villon, ce poète qui fut très probablement « en cheville » avec les Coquillards (bande de truands du XVe siècle), s'est servi de celui de son époque. Les auteurs actuels procèdent de même.

SAN-A, J'AI ALPAGUÉ CÉZIGUE

UN TRICARD

SON BLAZE C'EST VILLON FRANÇOIS

Villon

La vie aventureuse et mouvementée de François Villon (1431-apr.1463), dont tous les écoliers de France et de Navarre connaissent surtout la fameuse *Ballade des pendus*, est au moins aussi célèbre que sa création littéraire. Dans sa jeunesse il est, dit-on, friand de «mystères», ces pièces jouées, écrites pour le petit peuple et interprétées dans une langue qui n'a pas grand-chose à voir avec le français tel qu'il se pratique à la Cour. De lui, on retiendra *Le Lais* ou *Petit Testament*, le *Grand Testament*, *L'Épitaphe Villon* – plus connue sous le titre de *Ballade des pendus* –, mais également les fameuses et non moins mystérieuses *Ballades* en jargon, publiées vingt-six ans après que leur auteur se fut «envolé» à la suite d'une «trique» (interdiction de séjour) à Paris, ballades pour lesquelles il existe trois niveaux de lecture, donc trois significations possibles.

Remarque
Pour en savoir plus, on ne peut que vivement conseiller la lecture de l'excellente *Anthologie de la littérature argotique* de Jacques Cellard (édition Mazarine, 1985).

Vidocq

On a déjà évoqué l'importance de François Eugène Vidocq (*voir* pp. 10-11) dans la littérature. Son apport est capital non seulement par le succès des *Mémoires* (1828) et des *Voleurs* (1836), mais aussi et surtout parce qu'il sert de modèle à Balzac pour le personnage de Vautrin dans *Splendeurs et misères des courtisanes* (1838 à 1847) et à Hugo pour celui de Jean Valjean dans *Les Misérables* (1862, *voir* pp. 34-35).

Carco

Francis Carco (1886-1958), fils de fonctionnaire colonial, n'a jamais appartenu, ni de près ni de loin, au Milieu. Simplement, le Milieu le fascinait. C'est lui qui, le premier, fait entrer ce mot en littérature (dans sa pièce *Mon homme*, en 1920). Roman-phare: *Jésus la Caille* (1914). Jésus? C'est ainsi qu'à l'époque on surnomme les jeunes mâles prostitués.

Céline

« *C'est moi qu'ai redonné l'émotion au langage écrit! Comme je vous le dis!* », s'emporte Louis-Ferdinand Céline (1894-1961) dans les *Entretiens avec le professeur Y* (1955). Et il faut bien reconnaître que ce n'est pas tout à fait faux, pour employer une douce litote. Ceux qui ont lu par exemple *Voyage au bout de la nuit* (1932), *Mort à crédit* (1936), ou *Guignol's Band* (1944) ne démentiront pas.

San-Antonio et les autres...

Les plus grands, de Balzac à Zola en passant par Hugo, de Jean Genet à René Fallet en passant par Jean Lorrain (*La Maison Philibert*, 1904), Henri Barbusse, Jean Galtier-Boissière, Raymond Queneau, l'incontournable Alphonse Boudard, etc., utiliseront la force et le pittoresque de l'argot. Aujourd'hui encore, les romans teintés de langue verte ne sont pas si rares: voir Jean Vautrin, Frédéric Lasaygues, Denis Belloc et quelques autres. Mais qui dit argot, le plus souvent, dit littérature policière. Un genre qui a beaucoup fait pour la promotion de l'argot, mais aussi, inévitablement, pour sa banalisation. Parmi les grands classiques de l'argotique/policier, il faut évidemment citer Albert Simonin, Auguste Le Breton, Ange Bastiani, mais aussi John Amila, pseudonyme derrière lequel se cache Jean Meckert, auteur entre autres d'un remarquable roman: *Les Coups* (1942).

San-Antonio, alias Frédéric Dard, a une conception tout à fait « perso » de l'argot. Il utilise celui d'Albert Simonin, qu'il connaît sur le bout des ongles, mélangé à ses trouvailles propres. Et le mélange, il faut le dire, est plutôt goûteux. Enfin, il ne faudrait pas en oublier pour autant les « argoteuses » littéraires comme Albertine Sarrazin ou Jeanne Cordelier (*La Dérobade*, 1976).

Si l'argot a toujours, traditionnellement, fortifié la littérature par ses images et son pittoresque, c'est surtout la littérature policière des années 1950-1960 qui a assuré son succès. Souvent jusqu'à le banaliser.

Le cas Victor Hugo

On l'a dit et écrit, Victor Hugo avait vis-à-vis de l'argot, qu'il a su utiliser notamment dans *Les Misérables*, une attitude ambiguë. Attraction-répulsion, dirait-on aujourd'hui. « *L'argot, écrivit-il, c'est le verbe devenu forçat.* »

« *L'argot n'est pas autre chose qu'un vestiaire où la langue, ayant quelque mauvaise action à faire, se déguise.* »
Victor Hugo,
Les Misérables,
quatrième partie,
livre septième.

Fascination

C'est dans *Le Dernier Jour d'un condamné*, publié en 1829, c'est-à-dire avant la publication de *Notre-Dame de Paris* (1831) et surtout des *Misérables* (1862), que Victor Hugo commence à se pencher sur le cas de l'argot. Un peu, du reste, comme un médecin le ferait sur un malade. Il le dira d'ailleurs lui-même, pour justifier l'utilisation de l'argot dans ses œuvres, en ces termes: « *Maintenant, depuis quand l'horreur exclut-elle l'étude? Depuis quand la maladie chasse-t-elle le médecin? Se figure-t-on un naturaliste qui refuserait d'étudier la vipère, la chauve-souris, le scorpion, la scolopendre, la tarentule, et qui les rejetterait dans leurs* »

T'ES SUR LA BONNE VOIE, TOTOR
— CHANGE PAS DE MAIN

HISTOIRE   GRANDES GUEULES   ARGOT LITTÉRA

ténèbres en disant: Oh! Que c'est laid! » (in *Les Misérables*, quatrième partie, livre septième). Victor Hugo en rajoute, comme à plaisir: « *Certes, aller chercher dans les bas-fonds de l'ordre social, là où la terre finit et où la boue commence, fouiller dans ces vagues épaisses, poursuivre, saisir et jeter tout palpitant sur le pavé cet idiome abject qui ruisselle de fange ainsi tiré au jour, ce vocabulaire pustuleux dont chaque mot semble un anneau immonde d'un monstre de la vase et des ténèbres, ce n'est ni une tâche attrayante, ni une tâche aisée. Rien n'est plus lugubre que de contempler ainsi à nu, à la lumière de la pensée, le fourmillement effroyable de l'argot.* » Arrêtez! N'en jetez plus, cher Totor! La cour est pleine!

Application

Quand Victor Hugo écrit *Les Misérables*, le mot « misérable » est déjà à la mode depuis les années 1840. Il désigne, comme le rappellent alors les dictionnaires, « *la partie de la population la plus vile, celle qui vit en marge de la société* ». L'essentiel de son inspiration, pour ce qui concerne la verve argotique de certains de ses personnages comme Thénardier, Gueulemer, Montparnasse ou Gavroche, Victor Hugo le captera dans l'incontournable Vidocq (*Mémoires, Les Voleurs*, voir pp. 10-11), et aussi dans un écrit anonyme intitulé *Les Mémoires d'un forban philosophe* (1829), ouvrage saisi et détruit par la police de Charles X pour des motifs purement politiques. Le passage où Montparnasse s'adresse à Gavroche en répétant plusieurs fois l'assonance « dig » (*Les Misérables*, quatrième partie, livre sixième, chapitre II) est repris de cette dernière œuvre.

Interprétation

Comme tout passionné, Victor Hugo s'est quelquefois laissé emporter par son sujet. Erreurs, outrances, interprétations hasardeuses ou hâtives, voire inventions, parsèment le livre septième des *Misérables* qu'il consacre à l'histoire et à l'évolution de l'argot. Ainsi, par exemple, lorsqu'il attribue l'origine de « ménesse » (mot employé par les souteneurs pour « femme » depuis les années 1840) au celte *meinec*, alors qu'il s'agit d'une déformation de « menestre » qui dérive lui-même de l'italien *minestra* (potage).

Fasciné par l'argot, Victor Hugo l'a quelquefois interprété, bien qu'il ait eu d'excellentes sources, telles que les œuvres de Vidocq et un ouvrage anonyme intitulé *Les Mémoires d'un forban philosophe*.

Poésie, chanson et rap

Bien sûr, il y a Villon. Et le vert et gouleyant langage de Rabelais. Mais chaque époque aura ses poésies, ses chansons en langue plus ou moins verte. De Bruant jusqu'aux zones insolentes et provocatrices du rap.

Tradition

L'expression crue, la «poésie verte», pourrait-on dire, est une tradition. On peut s'offrir un grand saut dans le temps afin de vérifier, précisément, que cette tradition, à plusieurs siècles d'intervalle, est intacte. Revenons, voici à peine plus de cent ans, en 1896, très précisément au Cabaret des Quat'z'arts, boulevard de Clichy à Paris. Et qu'y voyons-nous? Un contemporain du chansonnier français Aristide Bruant (1851-1925) du nom de Jehan Rictus (1867-1933). Ce n'est pas un hasard, il se réclame de François Villon (*voir* pp. 32-33). Il restera célèbre par un poème, *L'hiver*, dont voici le début: «*Merd'! V'là l'hiver et ses dur'tés, v'là l'moment de n'pus s'mett'à poil: v'là qu'ceuss'qui tienn'nt la queue d'la poêle, dans l'Midi vont s'carapater!*» Bruant, de son côté, poursuit son œuvre. Chacun sait encore de nos jours qu'on lui doit quelques rengaines probablement éternelles comme *Nini peau d'chien*, *Rose blanche*, etc.

Signalons encore Jean Richepin (1849-1926), puis plus tard et version franchement XXᵉ siècle, Boris Vian (1920-1959) ou Raymond Queneau (1903-1976).

Chansons

Difficile d'évoquer la Seine ou le *Ciel de Paris* des années soixante sans immédiatement avoir à l'esprit le visage de Francis Lemarque, auteur-compositeur né carrément rue de Lappe, dans le 11ᵉ arrondissement de Paris, en 1917. On lui doit *À Paris*, *L'Air de Paris*, *Ballade de Paris*, etc., sans oublier pas mal de musiques de films dont, par exemple, *Le cave se rebiffe* (1961) ou *Maigret voit rouge* (1963), tous deux avec Jean Gabin. Autres incontournables: Léo Ferré (1916-1993), qui rendit la rue «maboul» avec une fille qui était «*toute nue sous son pull*», Pierre Perret (*voir* pp. 26-27),

« *Mais y m'ont jamais ceinturé/ Et je gliss'toujours entre les mailles/ Et quand ils passent j'crie «cré!»/ V'là les pestailles.* » Rap? Non: Aristide Bruant.

et bien sûr Renaud (né en 1952), avec son look Gavroche des temps modernes, son accent traînant fleurant nettement la zone, sa bonne idée de relancer le verlan et de ressortir quelques bons vieux classiques de l'argot comme «morgane» (mordu), terme qui date tout de même des années 1830 (*Morgane de toi*, 1983). On ne reviendra pas ici sur les femmes (Mistinguett, Fréhel, Arletty) qui ont aussi su faire chanter l'argot (*voir* pp. 28-29). Juste un mot sur Édith Piaf dont la gouaille des rues, sans être franchement argotique, en fait encore frissonner plus d'un.

Le rap

Après une première tentative relativement infructueuse (en France) au tout début des années quatre-vingt, cette nouvelle manière de scander plutôt violemment l'urbain, la banlieue et la cité, a commencé à s'imposer en France vers 1985. La recherche de l'allitération percutante et l'afflux de termes américains (*B. Boy, cut, beat, scratch*, etc.) mélangés à des expressions issues de minorités ethniques, à du verlan, et à des trouvailles spontanées (telles que «avoir la haine», par exemple) constituent la base du langage des rappeurs, qui est le même que celui des tagueurs (spécialistes du tag sur les murs). Incontournables: NTM (initiales de Nique Ta Mère, comme chacun sait), Ministère Amer, IAM et quelques autres. Côté poésie, c'est évidemment un peu court. Côté humour aussi, exception faite de M.C. Solaar.

Le rap semble avoir pris le relais de la chanson des rues. Les berges de la Seine se chantent, les tours des cités se scandent. Et un réalisme sans concession, semble-t-il, «bordure» (écarte) la poésie. La plupart du temps sans humour. Hélas!

Largonji

En argot, les codes sont nombreux. Certains ont survécu, d'autres ont disparu. D'autres encore resurgissent ou se rencontrent, presque par hasard, çà et là, de loin en loin. C'est le cas de ce vrai code de voyou qu'on appelle le largonji.

DIX LAUTEFÉS À TON LEVOIRDÉ DE LARGONJI !

T'ES PAS LERUM POUR LA LICTÉDÉ À LIVOPÉ !

Recette

En théorie, il n'y a pas plus simple. Mais en théorie seulement. Vous prenez un mot commençant par une consonne, par exemple «douce» de l'expression «en douce» (en cachette). Vous remplacez la première lettre de ce mot par un L, et vous rejetez cette lettre ainsi remplacée en fin de mot, où vous la prononcez. Le «douce» de «en douce» devient donc «loucedé», et par voie de conséquence «en douce» se transforme en «en loucedé», expression fort connue, au point de ne plus pouvoir être aujourd'hui considérée comme franchement argotique, mais simplement (très) familière. Même chose pour le «laubé» de l'expression «ben mon vieux, il est pas laubé», qu'on entend encore de loin en loin pour: il n'est pas beau (beau = laubé). Encore plus évident le «lerche» de «il n'y en a pas lerche»,

Traduisez...
«C'est lanqué lémem plus lacilefé de lauséquer en lerlanvé, non?» Ce qui veut naturellement dire que «c'est quand même plus facile de causer en verlan».

HISTOIRE   GRANDES GUEULES   ARGOT LITTÉRAT

qui vient de «cher» dans son sens argotique élargi de «beau-coup». Tout s'éclaire donc, et l'on comprend aisément que «largonji» n'est ni plus ni moins que le... largonji de jargon. Et un lervé de linvé, c'est un verre de vin (encore que parfois, on s'amuse à chahuter les terminaisons. En «uche», par exemple. Mais là, on tutoie le louchébem, (*voir* pp. 40-41). Bon. Mais essayez donc d'improviser toute une diatribe en largonji, et vous verrez que l'art est difficile. Et quand le mot commence par une voyelle, ce qui peut arriver. Qu'à cela ne tienne. La règle s'applique alors à la deuxième lettre. C'est comme cela que «abattu» se trans-forme en «alatubé» ou simplement «alatube».

Histoire

Comme toujours, la pratique d'un code remonte bien plus loin que l'apparition du mot qui le désigne. Si tel mot est officiellement daté de 1881, on sait qu'il se manifeste en réalité dès les années 1800-1810. À cette époque-là, on se contentait de substituer la consonne d'attaque du mot par un L, et on en restait là. Une marque devenait une larque, et pas encore une larquemé. L'utilisation du largonji, d'abord limitée au monde des voyous, se répand largement dans le peuple entre 1820 et 1880. Le policier Macé consigne même dans ses mémoires (*Mon musée criminel*, 1890) le fait qu'en 1879, un souteneur fort désireux d'entrer dans une bande de malfrats avait rédigé une sorte de «composition d'examen» comportant une trentaine de mots en largonji sur un devoir de deux pages! Le largonji tombe progressivement en désuétude dès le début des années 1930.

Aujourd'hui

On l'a dit, ce code, en soi très amusant mais peut-être un peu difficile, a presque totalement disparu de nos jours. Reste quelques mots comme lerche (déjà cité), « altération de cher», dit le dictionnaire, louf (fou), à loilpé (à poil), et sans doute deux ou trois autres encore. Les jeunes emploient quelquefois «lieuve» pour «vieux», sans se dou-ter que ce qu'ils prennent alors pour un verlan est en fait un rescapé de cette espèce en voie très avancée de dispari-tion: le largonji.

Le largonji a connu un beau succès au cours du XIXᵉ siècle, pour s'éteindre doucement mais sûrement à partir de 1930. Reste quelques mots comme lerche (cher, beaucoup), en loucedé (en douce), à loilpé – ou à loilp – (à poil).

Louchébem

Le louchébem est d'abord une sorte de largonji pratiqué, au milieu du XIXᵉ siècle, par les bouchers des abattoirs de la Villette ou de Vaugirard, à Paris. Le mot est encore connu de nos jours, où on le confond quelquefois avec le mot argot, voire avec le verlan.

Coriace

Le louchébem apparaît vers 1850, donc après le largonji (*voir* pp. 38-39), dont il est une variante. On peut aussi l'écrire (quand on l'écrit…) louchebrem, mais le R n'est jamais prononcé. L'intérêt de ce code est qu'il peut varier énormément suivant la terminaison dont on affuble les mots. Théoriquement, c'est une affaire entendue, le louchébem est du largonji avec une terminaison en «em». Mais ce serait trop facile.

« Les argots les plus communs sont le louchébem et le javanais. Le premier, qui fut la langue courante des bouchers de la Villette et qui n'est plus employé que par les apaches, consiste à substituer un L à la première lettre de chaque mot et à reporter la lettre remplacée à la fin du mot devant un suffixe qui peut être «ème», «ji», «oc», «muche», etc. » (Edmond Locard, *Le Crime et les criminels*, 1927).

Voici soixante-dix ans, donc, le ton était donné.

Premièrement: le louchébem, langage des bouchers à l'origine, est passé dans le Milieu dès les années vingt.

Deuxièmement: il est souvent carrément confondu avec le largonji dont, il est vrai, il est très proche.

Troisièmement: à la différence du largonji, on peut varier les suffixations. Et les varier presque à l'envi. Simple question de connivence entre les locuteurs, dira-t-on? Oui, mais ce serait oublier un peu vite que la connivence, au sein d'un code langagier, et, qui plus est, un code devenu code de voyou, est une chose capitale. Voire, souvent, vitale.

Quatrièmement: le louchébem est coriace. D'abord parce que difficile à «jaspiner» couramment.

Si vous voulez vraiment…
Si vous voulez vraiment coder votre discours, on ne saurait trop vous conseiller le louchébem, pas trop connu, pas trop chahuté de nos jours. « Louvem louvepem loujourtoc eleyésem! » (« Vous pouvez toujours essayer! »)

Aujourd'hui

Si de nos jours (1997), le verlan triomphe sans partage et en monarque absolu, si le largonji pur et dur, à de très rares exceptions, «a tourné le coin» (est mort), le louchébem, lui, relève encore la tête. Non pas tellement parce que, dans telle ou telle boucherie du 11e ou du 13e arrondissement, il se pratique encore en arrière-boutique («quel lonquès ce lienquem! = quel con, ce client!»), mais d'abord parce que le mot «louchébem» vit encore. Lorsque le coursier parle de son «laxif», il parle louchébem. Il le sait, et il le dit. En effet, paquet = pacsif en petit argot. Paxif donnerait «laxifpé» en largonji, mais personne ne l'emploie. En revanche, «laxifpem» n'est pas si rare dans cette profession. Et son abréviation «laxif» encore moins. De plus, deux «louchébems» traînent dans les bars, du moins jusqu'à nouvel ordre. Ce sont: loirnoc (noir, ou p'tit noir, ou café) et lougeroc (rouge, ou ballon de rouge). C'est peu, mais c'est déjà ça. Et cela tendrait à prouver qu'en pleine hégémonie verlane, le louchébem pourrait regimber!

> Contrairement au largonji, tombé en désuétude au point que le mot même a pratiquement disparu, son cousin germain, le louchébem, n'a pas encore dit son dernier mot. Témoin le «loirnoc»: le p'tit noir, le p'tit café.

Javanais et cadogan

Le javanais est un vieux code consistant à introduire des sons «av» ou quelquefois «ag», en gros entre chaque syllabe. Le cadogan, complètement oublié de nos jours, ajoute un «dg» après chaque voyelle, elle-même en principe redoublée.

Javanais de Paris

Il n'y a évidemment aucun rapport entre le javanais code argotique et la langue que l'on parle du côté de Djakarta (Indonésie). Ce «javanais»-là proviendrait plutôt de «je», codé en «jave» puis, par jeu de mots, en «java». À moins qu'il ne s'agisse simplement d'un procédé se référant à la conjugaison du verbe avoir: j'ai, j'avais, j'avavais, javanais. Le lexicographe Lucien Rigaud rapporte même, dans son *Jargon parisien* (1878), qu'« *il y eut un moment une telle fureur de javanais qu'on vit paraître un journal entièrement écrit dans ce langage stupide*». En fait, le javanais est repéré en 1857. Cela signifie donc qu'à ce moment-là, il traîne déjà depuis un certain temps dans la rue. Bien que de structure éminemment puérile, voire enfantine, il aurait été d'abord pratiqué par les voyous et les prostituées.

Son histoire, comme c'est souvent le cas pour les codes langagiers, est un peu en dents de scie. Il retombe en effet en désuétude à la fin du siècle dernier pour renaître de ses cendres quand Édouard Bourdet le relance dans sa pièce *Fric-Frac*, en 1936. Cahin-caha, il vivote un moment encore, et ceux qui étaient écoliers à la fin des années cinquante, ou au début des années soixante, se souviendront peut-être d'avoir joué avec le javanais dans les cours de récré.

Lettres de noblesse

Si la pièce d'Édouard Bourdet a beaucoup fait pour la popularité du javanais, le film – portant d'ailleurs le même titre – qu'en ont tiré Maurice Lehman et Claude Autant-Lara en 1939, avec le trio Arletty-Michel Simon-Fernandel, fait encore davantage. *Fric-Frac* est d'ailleurs considéré, malgré une intrigue relativement mince, comme un classique. Et nombreux sont ceux qui se souviennent de la fameuse scène de «baveau Mavarçavel» (le beau Marcel) sorti avec la gouaille de circonstance par une Arletty plus canaille que jamais. De son côté, Raymond Queneau utilise le javanais dans les *Exercices de style* (1947), et Boris Vian ne sera pas en reste. Quant à Serge Gainsbourg, il adresse, avec *La Javanaise*, un superbe clin d'œil en musique au bon vieux code.

Cadogan: un code en demi-teinte

Le cadogan apparaît, selon le lexicographe Jules Lermina, en 1896. Il est évidemment d'un intérêt tout à fait secondaire. D'ailleurs, «quidgue ledgue parladgague?» (qui le parle?), et surtout qui prendrait plaisir à jouer avec un code aussi lourdingue?

Quelques beaux restes... Si le javanais ne résonne plus dans les cours d'école à la fin du XXe siècle, pas plus qu'il ne se baguenaude dans la rue ou dans les cités, quelques mots devenus courants sont restés: pavute (pute) se dit quelquefois, ainsi que chagatte (chatte) ou cavu (cul). Quant à gravosse, popularisé par San-Antonio (*voir pp. 32-33*), il est depuis longtemps devenu, en français populaire, synonyme de gros, puis, plus largement, de laid: «T'as vu l'gravosse?»

Javanais et cadogan sont deux codes nés au XIXe siècle. Mais si le premier a séduit certains grands écrivains lui assurant une relative longévité, le second n'a pas tardé à retomber dans l'oubli le plus total.

Du code aux chiffres

On peut coder son discours, mais on peut également le chiffrer. Entendez par là le coder par des chiffres. Exemple: «22!... 41 sur la gueule de 15 à midi!»

Tradition

Les chiffres, les nombres, ont toujours joué un grand rôle dans le cryptage du langage. Ce n'est pas pour rien que le mot «chiffrement» (ou, par apocope*: chiffre) désigne l'opération par laquelle on code un message. N'importe quel roman d'espionnage le confirmera. Il ne faut pas oublier d'ailleurs qu'étymologiquement, chiffre signifie écriture secrète. Bref: il y a en argot des chiffres qui ne sont pas innocents. Ainsi, si l'on prend la phrase citée plus haut, on ne peut que l'interpréter comme un avertissement pressant. 22 = attention; 41 signifie qu'il faut marcher sur le pied de quelqu'un (41 étant une pointure courante et banale) pour le faire déguerpir; la gueule de 15 est une sale gueule, complètement asymétrique et, pour tout dire, qui n'inspire pas trop confiance (on ne peut effectivement pas dire que le nombre 15 présente, graphiquement, une réelle harmonie); et midi signifie devant. Autrement dit: «22, 41 sur la gueule de 15 à midi!» ne veut pas dire autre chose que «il y a urgence à faire dégager en vitesse la tête de con qui est devant moi». Certes, ce code ne s'entend pas partout, tout le temps. Mais il est (au moins...) encore couramment utilisé par les joueurs de bonneteau qui jouent aux cartes et plument le pigeon dans la rue, sur des caisses en carton.

Pourquoi 22?

L'origine de ce 22-là est tout à fait incertaine. C'est pourquoi elle a tant excité les imaginations. La seule chose dont on soit sûr, c'est que «vingt-deux!» dans le sens de «attention!», «gaffe!», est attesté en 1874. On le repère d'abord chez les typographes puis, à la fin du XIXe siècle, chez «les malfaiteurs», comme on dit alors. Dès lors que l'on sait (et c'est relevé par Vidocq, *voir* pp. 10-11) que vingt-deux signifie couteau depuis les années 1820, peut-être par allusion à une lame de 22 cm, on voit d'entrée en ce couteau la source

Et l'an 40?
L'expression «s'en foutre comme de l'an 40» apparaît vers 1791. Elle serait un raccourci de *L'An deux mille quatre cent quarante, rêve s'il en fut jamais*, titre d'un livre de Louis-Sébastien Mercier (1740-1814).

de l'expression qui, après tout, induit l'idée de méfiance : « 22 v'là les flics. » L'explication n'a pourtant jamais totalement convaincu. On a également avancé que 22 pouvait être la somme des rangs dans l'alphabet des lettres composant le mot « chef ». C : troisième ; H : huitième ; E : cinquième ; F : sixième. $3 + 8 + 5 + 6 = 22$. Le compte est bon, en effet.

Et quelques autres…

Parmi les chiffres codés les plus savoureux, il faut également citer : « tirer une série de un » (ne pouvoir faire l'amour qu'une seule fois) ; « quatre-zéro », qui désigne une personne aux jambes trop maigres (4/0 est un fil de pêche très fin) ; « se battre à cinq contre un », c'est-à-dire se masturber (cinq doigts avec ongles contre un sans) ; « double-six » qui signifie noir (le double-six est le domino le plus noir) ; « dix », anus ; « seize K », qui signifie, chez les jeunes d'aujourd'hui, stupide (16 kilooctets de mémoire vive) ; « se mettre sur son trente et un », bien s'habiller ; « se mettre en quarante », se préparer à se battre ; sans oublier le « soixante-neuf », bien entendu…

FAIS GAFFE À CE QUE TU DIS !

COMPTABLE

Faire parler les chiffres a toujours été, de tout temps, une caractéristique de l'argot. « De 22 v'là les flics » à « 16 K de mémoire vive », en passant par « 69 » !

Prénoms et pays

À des fins de codage, l'argot sait aussi détourner les noms propres. Notamment les prénoms, les noms de pays ou de lieux, ainsi que le nom des habitants d'un pays ou d'une contrée. Exemple avec l'histoire de Jules.

Apaches et indiens en tout genre
Le mot apache (voyou) apparaît dans la presse en 1900.
On l'emploiera souvent lors de l'affaire Casque d'or (en 1902, *voir* pp. 28-29).
Mais Alexandre Dumas avait déjà publié *Les Mohicans de Paris*, et le mot « peau-rouge », dans le sens de « voyou », circulait depuis un moment.

Histoire de Jules

Jules dans le sens d'homme énergique (ou «mec à la redresse», en argot classique) se répand après la Seconde Guerre mondiale. Dans le Milieu, le jules est tout bonnement le protecteur de ces dames, autrement dit le maquereau. « *Jules, julot: souteneur*» confirme sobrement, dans l'édition de 1952, le *Dictionnaire de l'argot du milieu*, de Lacassagne et Devaux. Ici, deux remarques s'imposent. Premièrement, le mot julot a d'abord désigné, au début du XXe siècle, les policiers de la brigade des mœurs. Délicieux paradoxe! Deuxièmement, à cette même époque, le souteneur était couramment affublé d'un autre prénom: l'Alphonse. Rapidement, le mot jules désignera familièrement le petit ami, le petit copain, voire le mari de n'importe quelle femme honnête. Explication: comme tout mot de la marge se taillant une belle carrière,

T'AS VU LES ROBERTS À GINETTE ?

ET J'AI VU SON JULES

HISTOIRE | GRANDES GUEULES | ARGOT LITTÉRAT

il a échoué dans le français central*. Aujourd'hui, jules est « un peu vieillot » pour les uns, et « délicieusement rétro » pour les autres. Affaire d'appréciation. Avant-dernière remarque, le jules, au XIXᵉ siècle, c'était le pot de chambre. Lequel, par parenthèse et à la même époque, a aussi été appelé Thomas. Dernière remarque : aujourd'hui, il arrive souvent qu'on rebaptise Marcel (nom qui peut aussi désigner un maillot de corps à l'ancienne) celui qu'on appelait autrefois couramment son jules : « J'te présente mon Marcel ! »

Jean-Jean, Mimile, Ginette, Raymond et les autres...

Au XIXᵉ siècle, le Jean-Jean était le niais. Comme le Pierrot. Manon (prénom devenu, à la fin du XXᵉ siècle, très à la mode), était la gourgandine. Quand à Sophie et Joséphine, elles désignaient les mijaurées. Luc, en simple verlan, s'appliquait à la partie la plus charnue de tout un chacun, homme ou femme. Être Renaud ou Arnaud revenait à être de mauvaise humeur ; et faire chanter le Jacquot, à percer les coffres-forts. De nos jours, une Ginette est une coiffure de mémère sortant de chez le coiffeur, et un Mimile (diminutif d'Émile) un prolo. Un Raymond est, depuis environ 1985, un ringard (même si aujourd'hui, certains tentent de le remplacer par le Gérard). Idem pour le Mickey qui peut aussi désigner, en 1997 chez les jeunes Français, une crotte de nez (on dit aussi Goofy), tandis que les jeunes Anglais parlent, pour la même chose, de Gilbert. On pourrait allonger la liste presque à l'infini, tant chaque époque a eu ses propres prénoms-codes.

Anglais, Chinois, Flamands, etc.

Question : un Chinois rencontrant son Anglais au hasard d'une promenade dans le Paris d'il y a un siècle aurait-il pu faire flamand avec lui et l'inviter à se taper une négresse en sa compagnie ? Certainement pas, si l'on sait qu'en argot de l'époque, le Chinois est un individu quelconque, que l'Anglais est le créancier, que faire flamand, c'est faire copain-copain, et que se taper une négresse revient à vider une bouteille de rouge !

Noms, prénoms, noms de pays détournés, ou allusions diverses aux habitants de ces pays ont toujours fourni des codes facilement exploitables à tous les argotiers de toutes les époques.

Vous avez dit verlan ?

Ce ne sont pas les codes qui manquent, en argot. Simplement, il se trouve que c'est le cryptage à l'envers, ou «vers-l'en», ou encore «verlan» qui, à défaut d'être le plus subtil, est aujourd'hui le code roi. Mais il fut long, le chemin !

Une vieille histoire

Le verlan, code simple, brutal, d'inversion des syllabes, est probablement aussi vieux que le français lui-même. Il faut d'ailleurs rappeler que, sans parler pour autant de dyslexie*, les métathèses* orales spontanées et autres inversions réflexes sont courantes dans le langage de tous les jours. Exemple: fromage, qui vient de «formage». On trouve les premières traces de verlan dès la fin du XVIᵉ siècle dans la langue du peuple, qui rebaptise promptement les Bourbons «Bonbours». On note qu'au XVIIᵉ siècle, un «sans-souci» est facilement appelé «sans-six sous» (c'est-à-dire: pauvre). Plus tard, vers 1760, il sera courant d'appeler Louis XV «Sequinzouil», ce qui est indéniablement une forme de verlan. Il est vrai que le verlan a connu aussi ses époques de somnolence. Ainsi est-il à peu près absent (si l'on excepte Lontou pour Toulon, le bagne) de l'énorme dictionnaire signé d'Aristide Bruant, *L'Argot au XXᵉ siècle* (1901), qui apparemment lui préfère le largonji (*voir* pp. 38-39). Selon le philologue* Gaston Esnault (*Dictionnaire des argots*, Larousse, 1965), ce jeu «*amuse de bonnes ménagères, plaît aux écoliers, se prête aux sobriquets; on le trouve dans le patois lyonnais, chez les bateliers de la Seine, dans les argots de Savoie*». De quoi désespérer Villiers-le-Bel ou Vaulx-en-Velin 1997!

Pour sa part, Auguste Le Breton a introduit le «verlen» (avec un E) en littérature avec *Du Rififi chez les hommes*. Quant à Alphonse Boudard, il annonce la couleur dès 1963 dans *La Cerise*. Et il le fait en ces termes: «*Une villèche de son veuba à la 10 d'appel. Ce qui veut dire que son baveux, son avocat a une cheville en cour d'appel pour lui faire réduire sa peine. C'est du verlan, la langue à l'envers à la mode depuis quelques années dans le milieu.*» Ce qui montre au passage

Chetran de vie...
«À son poing, un rasif* étincelait. Non moins vif, le gros venait de sortir un brelica», Auguste Le Breton, *Du Rififi chez les hommes* (1953). «*Brelica: envers de calibre, qui signifie revolver. Expression très employée durant l'Occupation*», explique ce même Le Breton dans *Langue verte et noirs desseins* (1960).

que verlan, avec cette fois un A, est attesté depuis au moins 1963, et non 1970 comme on le dit souvent. Suivra alors une nouvelle période d'accalmie (encore qu'il n'ait jamais tout à fait disparu) pour le verlan, qui sera nettement réactivé vers le milieu des années soixante-dix (*voir* pp. 50-51).

L'envers de Voltaire

Dans sa chronique du *Figaro littéraire* «Le plaisir des mots», l'écrivain Claude Duneton (auteur de *La Puce à l'oreille*, 1978) rappelle, le 18 novembre 1994, l'origine verlanoïde de Voltaire (1694-1778) : «*Pour en revenir au jeune Arouet, lorsque, à 22 ans, au sortir d'un séjour à la Bastille, il souhaita mettre de la distance entre son état de poète et le nom de sa lignée aux mœurs sévères, il se souvint que son grand-père François, "marchand de drap et soie", venait du village de Saint-Loup-sur-le-Thouet en Poitou. La ville la plus voisine de Saint-loup est Airvault […]. Le jeune homme prit Air-vault, le renversa comme un potache […] et adopta Voltaire pour le meilleur et pour la vie.*»

Le jeune Arouet cherchant un pseudonyme.

Le verlan est l'une des plus anciennes jongleries langagières françaises. On en retrouve les premières traces sous Henri IV (qui régna de 1589 à 1610). Voltaire lui-même y puisa son nom.

Vingt ans de succès

Le retour en force du verlan, un peu plus discret dans les années soixante (sauf dans le Milieu), s'annonce dès le début des années soixante-dix. Il s'installera confortablement dès 1975. Plus de vingt ans après, il n'a pas l'air prêt à passer la main. Bien au contraire!

Laisse béton

Nous sommes en 1975. Un jeune homme de vingt-trois ans qui a pas mal traîné ses guêtres avec la bande à Coluche, du côté du café-théâtre Le café de la Gare, à Paris, chante la zone, l'œil bleu et l'air farouche, petit foulard rouge de marlou de bande dessinée autour du cou. *« T'as des bottes, mon pote, ell'm'bottent! J'parie qu'c'est des santiags; viens faire un tour dans l'terrain vague, j'vais t'apprendre un jeu rigolo, à grands coups de chaîne de vélo, j'te fais tes bottes à la baston! Moi j'y ai dit: laisse béton!»*
Cela s'appelle, on s'en serait douté, *Laisse béton*, et signifie: laisse tomber. Gros succès. Un mythe est né. Et soudain, un jargon est complètement ressuscité: le verlan. Bien sûr, le terrain a été préparé par les «baba hards», comme on dit alors pour désigner ces fans de moto et de hard rock, à la longue chevelure, vêtus en blouson de cuir et en jeans, et qui pratiquent le verlan depuis cinq ou six ans. En tout cas, ce code repart, même si beaucoup pensent que l'engouement ne va pas durer.

Les branchés

C'est sans compter avec ceux que l'on va bientôt appeler les branchés (*voir* pp. 20-21), toujours à l'affût de nouveauté; et c'est surtout sans compter avec l'intérêt que va susciter dans la bande dessinée, dans les médias, et singulièrement dans les radios libres qui ne vont pas tarder à exploser, ce langage que beaucoup croient jeune. À partir du début des années quatre-vingt en effet vont se succéder articles, dictionnaires et autres livres sur le thème porteur «le langage des jeunes». Le cinéma ne sera pas en reste. Et quand Josiane Balasko sortira son film *Les Keufs* (1987), nombreux seront ceux qui ignoreront encore que ce mot n'est que

L'intégration de beur

Anciennement très péjoratif à l'égard des Arabes (années 1970), souvent orthographié « beurre » quand on le trouvait étalé sur des murs, le mot « beur » est un verlan d'avant la mode, et se disait entre autres dans le Milieu. Jusqu'au jour où les principaux intéressés ont décidé de désamorcer sa charge péjorative en l'adoptant. Il est depuis des années dans le dictionnaire.

le verlan abrégé de flic (flic donne fli-que qui donne, en verlan, que-fli, puis queuf ou keuf). La publicité s'y mettra à son tour.

Bref, le verlan, code simple et immédiatement drôle, présentant l'immense avantage pour les jeunes d'alors de n'avoir pas été (ou assez peu) utilisé par les parents, va être appelé à jouer un rôle de tout premier plan.

Dictionnaire

Victimes de leur succès, pas mal de mots de verlan vont se retrouver à leur tour épinglés dans les dictionnaires classiques, perdant ainsi leur marginalité. C'est par exemple le cas pour beur, keuf, meuf, ripou, et sans doute quelques autres encore. En un sens, cette récupération (inévitable quand un mot, qu'il soit verlan ou argot, a du succès) est plutôt bénéfique dans la mesure où elle oblige le verlan à une fuite en avant, c'est-à-dire à une constante réactualisation dans la marginalité. C'est ainsi qu'est né, vers 1993, le «veul», sorte de verlan de verlan qui, il faut dire, reste une réalité bien floue. Quoi qu'il en soit, le verlan garde son désir d'originalité.

Le succès que connaît le verlan depuis plus de vingt ans est largement dû à la caisse de résonance médiatique. Certains verlans ont intégré depuis plusieurs années les dictionnaires courants.

Fonction identitaire

Malin ou relou (lourd), le verlan s'est aujourd'hui imposé comme le langage des jeunes. Ces derniers, qui d'ailleurs ne sont pas les seuls à s'en servir, l'utilisent davantage par jeu que par besoin de code. L'indispensable connivence faisant le reste.

EH LES KEUMS!
LA COPAPO ET LA RÉSÉPHA SONT SOUVENT ASSOCIÉES AU VERLAN!

WÂÂÂ

Règles et conventions

Comme l'écrivait le journaliste Gilles Verlant (c'est bien son nom!) dans le très branché magazine *Glamour* en avril 1990 à propos… du verlan: « *Prenez un mot innocent. Renversez-le sans ménagement. De la partie encombrante pratiquez l'ablation. Prononcez sans affectation.*» De fait, mettre un mot en verlan, le «verlaniser» comme on dit, n'a rien, théoriquement, d'une tâche bien délicate. Théoriquement, seulement! Car dans la pratique, il y a des règles, non écrites bien entendu, que connaissent les utilisateurs (en l'occurrence les jeunes, au départ «des banlieues», mais plus seulement à présent), et que les autres ignorent. C'est là que commence la fonction identitaire du verlan, code que l'on croit généralement trop facile d'accès. En effet, qui donc a entendu un jeune parler, par exemple, de son «uba» pour désigner son «bahut» (lycée)? Ou bien de son «vreuli» pour son livre, ou encore de sa «leba» pour sa balle ou son ballon?

Plus souple, en revanche, sont la pratique de l'apocope et de l'aphérèse (moins fréquente), presque toujours associées au verlan.

– Apocope: chute d'une ou de plusieurs syllabes à la fin d'un mot.

– Aphérèse: chute d'une ou de plusieurs syllabes au début d'un mot. «Trom» est donc le verlan apocopé de métro (métro = tromé = trom). D'autre part, les mots se coupent en général à la syllabe. Mais pas forcément. Ainsi lascar

Les limites du verlan
À moins de vouloir faire du jeunisme à tout prix, il faut bien reconnaître que souvent, le verlan est un peu en panne d'imagination par rapport à l'argot. Un exemple: Paris. Aristide Bruant, dans son *Argot au XXᵉ siècle* (*voir* pp. 26-27), ne donne pas encore Paname parce qu'il ne lui est pas encore arrivé aux «esgourdes». En revanche, il donne Pantruche, Pampluche ou même Parouart. On aime ou on n'aime pas, on trouve ça beau ou pas, mais c'est quand même mieux que Ripa!

HISTOIRE | GRANDES GUEULES | ARGOT E LITTÉRATU

(pauvre type) peut-il indifféremment donner carlasse ou bien scarla, suivant le quartier, la banlieue, l'école où l'on cause.

Je verlanise, donc je suis… ou ne suis pas !

Dès lors que le verlan se retrouve estampillé «langage des jeunes», on en déduit que parler verlan revient à parler jeune donc à être encore jeune, même si on ne l'est plus vraiment. D'où les tentatives, parfois pathétiques, de certains adultes pour «causer l'jeune». L'anecdote de ce père de famille demandant à ses enfants s'ils voulaient bien aller «fébou» au MacDo du coin est connue, car d'articles sur la question en émissions de radio ou de télévision, elle a été mille fois racontée. «Fébou? Nous on dit pas ça!», répondirent les gamins pratiquement en chœur. «*Géman pour manger, oui. Mais fébou? Non. On garde bouffer! C'est comme ça.*» Traduction: reste donc à ta place d'adulte, et nous à notre place de jeunes. Parlons chacun notre langage, et tout sera pour le mieux dans le meilleur des mondes. Ici, une petite remarque: aux (toutes) dernières nouvelles, donc bien après l'anecdote rapportée ci-dessus, qui doit se situer vers 1991-1992, «fébou» commence à se dire fin 1996-début 1997. Peut-être, précisément, à cause de cette fameuse anecdote tant et tant de fois racontée!

Infinitif
Si on peut évidemment verlaniser les verbes, ceux-ci ne se conjuguent généralement pas. «J'ai ken toute la nuit!» (j'ai forniqué sans relâche toute la nuit durant) et non «j'ai kéné». Exception: «Ça upait dru!» (ça puait dur!)

Certes le verlan est le plus simple des codes. Mais il est moins systématique que les non-initiés pourraient le croire. Nombreux sont les adultes qui en ont fait l'amère expérience pour essayer de se donner, en pure perte, un «coup de jeune».

Vers une structuration

Vers 1980-1985, on verlanisait tout et n'importe quoi toujours un peu de la même manière: par l'inversion brute de syllabes. Et puis le verlan s'est mis à s'affiner. À se chercher des consonances propres. Comme un vrai langage.

Il y a verlan et verlan

Depuis 1990-1991, on assiste à l'émergence de deux types de verlan. Celui qui vit, qui bouge et «se trouve» en tant que langage d'une part, et le mécanique, le statique, un peu bébête il faut bien le dire, d'autre part. Seul le premier présente un réel intérêt pour le linguiste. Laissons donc de côté les «relou» (lourd), « remo » (mort), « chemo » (moche), « chelou » (louche), « queuba » (bac), etc., dont le seul mérite est de s'être doté d'un E prononcé et de circonstance en fin de mot, afin de permettre une verlanisation degré zéro. Exemple: bac. «Kba» ayant été décrété un peu difficile à prononcer, on a décidé d'ajouter un son «eu» au mot bac, qui permet alors une verlanisation aussi facile

DANS LES BANLIEUES ON NE METTRA DONC PAS EN VERLAN: «ANTICONSTITUTIONNELLEMENT»

MAIS ON POURRA DIRE: «LA OIL BRÉDEU»

Et la suffixation ?
Un verlan peut être abrégé. Mais il peut aussi (vieil usage argotique) être affublé d'une suffixation. C'est ainsi que beur peut devenir «beuron», feuj (juif) «feujon», et haschich «chichon», quand ce n'est pas «chichounet».

que peu inventive. Bac (baccalauréat) donne donc dans un premier temps ba-que, et dans le second temps, celui de la verlanisation, queu-ba. Voilà.

En revanche, l'autre branche, la tendance qu'on pourrait presque appeler la tendance dure du verlan, se structure souvent avec un peu plus de bonheur. C'est le cas de mots comme «gage-dédale!» (dégage de là!), « t'es véquère?» (tu es crevé?), « j'suis vénère!» (je suis énervé), « kisdé» (flic, en verlan travaillé, de déguisé), « cainf» (africain), et – heu-reusement – beaucoup d'autres encore.

Veul, verlouche et Cie

Qu'est-ce que le veul? Réponse, début 1997: un langage né vers 1992 dans la banlieue sud de Paris et qui serait un amalgame entre verlan simple et abréviations diverses. Exemple: «cheum» (au lieu de «cheumo» ou «chemo») pour moche. Ou «reul» (au lieu de «reulou» ou «relou») pour lourd. On veut bien, mais ça fait bien léger sur le plan de l'étude linguistique quand même! D'autant que, on l'a vu, la troncation (procédé d'abrègement d'un mot) fait partie de la structure du verlan en soi, même si elle n'est pas systématique. De plus, on donnait aussi, vers 1993-1994, une autre définition du veul: le verlan de verlan («kisdé» – cité plus haut – donnant alors «dékis» et ayant comme une légère tendance à retomber sur le mot de départ: déguisé). Si, aujourd'hui, le verlan de verlan se pratique toujours (il n'est pas rare d'entendre «rebeu» pour «beur»...), il est un peu à la limite, il faut le dire, du n'importe quoi. Et il n'a plus de nom particulier, si ce n'est celui qu'on donne parfois aux verlans ratés ou simplets en général: le verlouche (verlan louche)!

Préférences verlanes

On l'a dit, tout ne se met pas en verlan, et, pour des raisons de facilité et de rapidité, on privilégie les mots de deux syllabes. Pour dire pantalon, on préférera donc futal («talfu» étant le verlan de l'argot «futal»). Mais si l'on tient à son pantalon, on dira «lompa» et pas autre chose. Et si vous voulez parler chaussures, ne vous compliquez donc pas la vie et préférez «pompes» qui, comme de bien entendu, se traduit par «peupon».

> En dépit des nombreux mots dont on s'est simplement contenté d'inverser les syllabes (mais encore faut-il savoir lesquels), beaucoup de mots de verlan ont acquis aujourd'hui une structure propre. Mais il faut aussi savoir lesquels!

Ancien, moderne, où l'entendre ?

Entendre l'argot actuel, à Paris ou éventuellement ailleurs, n'est pas bien difficile. Le pratiquer, « c'est une autre paire de manches », comme on dit en argot ancien, lequel n'est pas toujours facile à dénicher. Quelques adresses utiles.

Repaires et repères

L'argot traditionnel a ses repaires, ses planques. Mais attention, il faut insister sur le fait qu'argot ancien ne veut pas forcément dire argot obsolète. Si l'on excepte Pigalle/Montmartre, quartier dont il faut bien reconnaître qu'il est devenu un peu surfait, il y a une rue de Paris qui a aujourd'hui le privilège de vous offrir, quand vous la remontez doucement, cinq types différents d'argots. Et cette rue, comme par hasard, c'est la rue Saint-Denis, qui se partage entre le premier et le deuxième arrondissement. Une rue surnommée, il n'y a pas si longtemps, «le bas-ventre de Paris», et pas seulement parce qu'elle prend sa source aux Halles, ex-ventre de Paris, comme dit Émile Zola (1840-1902). Connue depuis le Moyen Âge, cette rue célèbre doit son nom d'abord au fait qu'elle menait à la basilique de Saint-Denis. Qualifiée de «voie royale», elle était en effet le chemin qu'empruntaient nos rois quand ils faisaient leur entrée solennelle dans la capitale. Des cours des Miracles (*voir* pp. 6-7) se sont mises à pousser autour… Célèbre, la rue l'est aussi par la prostitution qui y a toujours fleuri, même si de nos jours, ça faiblit un peu côté belles de nuit. Aujourd'hui, la rue Saint-Denis offre plusieurs types d'argot. À la fontaine des Innocents, (en gros à la sortie du forum et dans les cafés alentour), on peut entendre la tchatche des banlieusards de toutes origines que déverse le RER. Si l'on sait prêter l'oreille, on peut aussi y happer quelques nouveaux termes du langage de la drogue. Car, ce n'est un mystère pour personne, ça deale toujours ferme dans le coin. Un troisième type d'argot (plutôt de facture traditionnelle, celui-là) est proposé par les nombreux joueurs de bonneteau (jeu de cartes) qui s'échelonnent de la rue Greneta à la porte Saint-Denis.

En Sorbonne
Si vous vous intéressez à l'argot de manière universitaire, sachez qu'il existe en Sorbonne, à Paris V, un centre d'argotologie. Renseignements : 01 40 46 29 73

Ensuite, entre la rue Réaumur et la porte Saint-Denis, c'est le langage de la fripe et des grossistes en tissus. Enfin, et surtout dans le bout de la rue, du côté de la rue Blondel et du fameux bar L'Escale, au 34 bis, c'est l'argot des prostituées, entre tradition et branchitude.

Bastoche 1

L'amoureux de l'argot de papa, le nostalgique des dialogues à la Simonin/Audiard (*voir* pp. 26-27) aura tout intérêt à aller traîner ses guêtres du côté de la rue de Lappe, à la Bastille, dite encore «Bastoche», mais très rarement «Bastaga». Au dancing Le Balajo, par exemple. Là, il pourra écouter la bagoulette (le langage) des videurs du lieu et de quelques clients. Il y a aussi, 18 rue Daval (11e arrondissement), un bistrot où l'on argote dur, dru, et à l'ancienne: c'est Le Bougnat. Comme le pinard, la jactance y est goûteuse.

Bastoche 2

La Bastoche 2, c'est la Bastille branchée. Celle du What's Up (face à l'antique Bougnat, cité précédemment), de la Casbah (rue de la Forge-Royale), de l'Iguana, de l'An vert du décor (rue de la Roquette) ou de l'Indiana, place de la Bastille. Hors la Bastille, on ne saurait que conseiller les soirées au Bataclan (50, bd Voltaire dans le 11e arrondissement), à La Main jaune, la boîte de la porte Champerret, ou au fameux Queen des Champs-Élysées où fleurit aussi le langage gay (des homosexuels masculins), toujours frétillant.

Petit lexique d'argot

Il n'est pas question de proposer ici un dictionnaire d'argot. On y trouvera cependant un cocktail d'argot ancien mais toujours utilisé, ainsi que des trouvailles dernier cri.

Abats: organes génitaux masculins considérés avec une fausse désinvolture.

À loilp: à poil. Ce n'est pas un verlan, mais un largonji (*voir* pp. 38-39).

Bagouze: anus. Syn.: oignon, pastoche, dix, œilleton, œil de bronze, petit, fion, etc.

Baltringue: pauvre type, peureux, lâche, etc.

Bécif: comme de juste, en argot ancien (mot repéré en 1906).

Bouillave: faire l'amour. Ne se conjugue pas: «J'lai bouillave.»

Caille: aphérèse de racaille. «Lui, j'lui cause plus c'est une caille.»

Cainf: africain, pour qui le Français est un babtou (verlan de toubab, qui signifie «Blanc» pour certains Africains).

Carmer: payer, offrir. «C'est qui qui carme?» Syn.: les allonger, raquer, cigler.

C'est de la balle!: c'est génial. Syn.: hypra, mortel, def.

Chpeu: coup de poing; coup en général. Verlan de pêche.

Damer: manger. Syn.: bouffer, croûter, jaffer, briffer, etc.

Débagouler: parler (on dit aussi jaspiner, dégoiser, ou bonnir).

Dreu: verlan apocopé de poudre, autrement dit: drogue. On dit aussi dope.

Enclume: crétin. Un «qui a pas la lumière dans toutes les pièces».

Ex: Ecstasy. On appelle aussi cette drogue XTC, exta, ecta, ou TGV.

Fax: fille particulièrement plate. On dit aussi: un CD-Rom.

Fendue: femme (mot issu du milieu homo). On dit aussi: une go.

Frangine: prostituée. On dit aussi: une pavute, un tapin, une teup (verlan).

Gadjo: garçon (origine gitane). La fille, c'est la gadjie.

Gage dédale!: dégage de là! en verlan. Syn.: «Fais cassos!»

Gouerre: Français de souche, chez les Beurs. On dit aussi: loigo (Gaulois).

Hareng: maquereau, souteneur, proxo (proxénète).

Heps: prison. On dit toujours: trou, placard, taule, gnouf, et aussi: zonzon.

Infusette: personne pénible. Un casse-couilles, casse-bonbons, casse-noisettes, etc.

Jimbo: grande capsule de crack (cocaïne fumable). On peut dire: jumbo.

Ken: faire l'amour (verlan apocopé de niquer). Syn.: placer la longueur.

Keum: mec, en verlan.

Kisdé: flic, en verlan approximatif de déguisé. Syn.: keuf (verlan de flic).

Lez: apocope de lézard (problème). «Y'a pas d'lez!» On peut aussi dire: lézouille.

Malva!: ca va mal! (en verlan).

Meuf: femme, comme chacun sait, mais aussi jeune fille, camarade de classe.

Morue: fille facile, vulgaire, et peu fiable. Anciennement: pute. Syn.: pétasse, ratte, ratchie.

Mytho: mensonge (chez les jeunes). Syn.: bobard, craque, etc.

Naze: hors d'usage, fichu. Personne: pauvre type, allumé, baltringue.

Nosk: skin (skinhead) en verlan.

Oinj: joint (cigarette ou cône de cannabis), en verlan.

Orphelines: testicules. Syn.: burnes, calots, balloches, claouis, roupettes, etc.

Ourdé: ivre. Syn.: cassé, pété, plié, bu, cisaillé, fait, chargé, chargé à cul, etc.

Paname: Paris. Se dit encore mais rarement. Syn.: Ripa (verlan).

Pavute: pute. Un rare survivant du javanais.

Pouchka: revolver, pistolet. Syn.: pétard, feu, calibre, brelica (en verlan), etc.

Queumar: marque, en verlan. Par extension: cicatrice.

Rabza: Arabe, en verlan. Les Asiatiques sont noiches (chinois), les Noirs sont renois.

Ragnagnas: règles. Syn.: anglais, affaires, époques, glères (verlan de règles), etc.

Rasif: rasoir, en argot classique des années cinquante.

Raymond: ringard. «Quel raymond, ce keum!»

Sac à puces: aujourd'hui, ordinateur. Signifiait anciennement lit (pucier): «je vais au pucier» pour «je vais au lit».

Shooter (ou se shooter): 1. se droguer. 2. Être passionné: «Il se shoote à la télé.»

Stomb: baston (bagarre) en verlan. Syn.: frotte, castagne, cogne, embrouille, etc.

Tarba: bâtard, en verlan.

Téma: verlan de mater (regarder). «Téma la go!»: «Regarde la gonzesse!»

Teuch: au féminin, chatte (sexe de la femme) en verlan. Ou, au masculin, verlan de shit (haschich).

Teuf: fête, en verlan. En 1960, on disait surpatte, surboum. Puis on a dit: boum.

Thune: argent. Syn.: blé, carbure, flouze, fraîche, oseille, galette, mitraille, etc.

Tiser: boire, picoler. Syn.: pitancher, pictonner, tafiater, tuer le ver, etc.

Usiner (s'): se masturber. Syn.: se faire loucher le cyclope, s'astiquer, se pignoler, etc.

Vrille: lesbienne (désigne l'élément «actif» du couple en émoi).

Ya: couteau, poignard. Syn.: lame, schlass, lardoir, surin, lingue, sacagne, etc.

Zgueg: sexe de l'homme. Syn.: zob, teub (verlan de bite), braquos, courtaud, etc.

Glossaire

Aphérèse: suppression de lettre(s) ou de syllabe(s) au début d'un mot. Exemple: «ricain» veut dire américain par aphérèse. Couramment, on dit que «ricain» est l'aphérèse d'américain.

Apocope: suppression de lettre(s) ou de syllabe(s) à la fin d'un mot. Exemple: «bourge» signifie bourgeois par apocope, ou «métro» signifie métropolitain. Couramment, on dit que «bourge» est l'apocope de bourgeois.

Assonance: répétition du même son (en principe) à la fin d'un vers.

Dyslexie: trouble de la capacité de lire, ou difficulté à reconnaître et à reproduire le langage écrit.

Français central: terme très prisé par les linguistes pour évoquer le français courant, le français banal.

Métathèse: interversion de lettres ou de sons à l'intérieur d'un mot, souvent par jeu. Exemple: «dikse» pour disque; «cifelle» pour ficelle.

Métonymie: désignation d'une chose ou d'une personne par un mot entretenant avec elle diverses relations. Exemple: désigner le contenu par le contenant: «boire un verre».

Philologue: spécialiste de l'étude historique, grammaticale, linguistique des textes.

Phonétique: qui a rapport au son du langage. Également, branche de la linguistique qui étudie les sons des langues naturelles.

VEUILLEZ CESSER DE TÉMA MA MEUF OU J'APPELLE LES KEUFS

HISTOIRE | GRANDES GUEULES | ARGOT EN LITTÉRATU

Bibliographie, filmographie

Dictionnaires

AGUILLOU (Pascal) et SAÏKI (Nasser),
La Téci à Panam', Michel Lafon, 1996.

ANDRÉINI (Luc),
Le Verlan, Henri Veyrier, 1985.

BOUDARD (Alphonse)
et ÉTIENNE (Luc),
La Méthode à Mimile,
La jeune Parque, 1960.
Disponible en livre de poche.

BRUANT (Aristide),
L'Argot au XXᵉ siècle, 1901.
Réédition : Fleuve Noir, 1993,
préface de Pierre Merle.

CARADEC (François),
*N'ayons pas peur des mots,
Dictionnaire du français argotique
et populaire*, Larousse, 1988.

CELLARD (Jacques) et REY (Alain),
*Dictionnaire du français non conven-
tionnel*, Hachette, 1980 puis 1991.

COLIN (Jean-Paul)
et MÉVEL (Jean-Pierre),
Dictionnaire de l'argot, Larousse, 1990.

GIRAUD (Robert),
L'Argot du bistrot, Marval, 1989.

GOUDAILLIER (Jean-Pierre),
Comment tu tchatches?, Maisonneuve
et Larose, 1997.

LARCHEY (Loredan),
Dictionnaire de l'argot parisien, 1872.
Réédition : les éditions de Paris, 1996,
préface de Claude Duneton.

LE BRETON (Auguste),
Argotez, argotez, Carrère-Vertiges, 1986,
(réédition revue et augmentée
de *Langue verte et noirs desseins*, Presses
de la cité, 1960).

MERLE (Pierre),
Dictionnaire du français branché,
Le Seuil, 1986. Réédité et complété par
le *Guide du français tic et toc* en 1989.

MERLE (Pierre),
Le Dico de l'argot fin de siècle, Le Seuil,
1996.

PIERRE-ADOLPHE (Philippe),
MAMOUD (Max),
TZANOS (Georges-Olivier),
Le Dico de la banlieue, La sirène, 1996.

Quelques romans

BELLOC (Denis),
Le Petit Parmentier, Balland, 1995.
Argot classique et trouvailles récentes
s'y rejoignent allègrement dans un petit
bistrot du 11ᵉ arrondissement.

BOUDARD (Alphonse),
La Métamorphose des cloportes, Plon,
1962, et Folio, 1979. Un classique.
Alphonse redécouvre la liberté et…
ses anciens complices.

Bibliographie, filmographie (suite

CARCO (Francis),
Jésus la Caille, Albin Michel, 1914, et
existe en livre de poche. Un argot qui
fleure bon le début du XXe siècle, pour
narrer les aventures d'un jeune prostitué.

CÉLINE (Louis-Ferdinand),
Mort à crédit, Denoël, 1936, et existe
en livre de poche. Un des grands
romans de Céline dans lequel il évoque
sa jeunesse et la France d'avant
la Première Guerre mondiale.

FALLET (René),
Banlieue sud-est, Denoël, 1947, et existe
en livre de poche. Le premier roman
d'un grand romancier amoureux
de la langue populaire.

LE BRETON (Auguste),
Razzia sur la chnouf, Gallimard, 1954.
À chaque page, il pleut de l'argot
de truands comme on n'en fait plus.

LORRAIN (Jean),
La Maison Philibert, 1904. Un univers
à la Toulouse-Lautrec.

MERLE (Pierre),
Le Déchiros, Le Seuil, 1991. L'argot
de la fin des années 1980, pour cette histoire de rêveur qui ne voulait pas vieillir.

SARRAZIN (Albertine),
L'Astragale, Jean-Jacques Pauvert, 1965,
et existe en livre de poche. Un des trois
romans autobiographiques de l'auteur,
qui raconte une rencontre.

SIMONIN (Albert),
Le cave se rebiffe, Gallimard, 1954.
Un grand classique du polar qui
répandit le mot «cave» (homme
n'appartenant pas au Milieu).

STÉPHANE (Marc),
Ceux du trimard, Grasset, 1928,
réédité par La butte aux cailles, 1983.
Le trimard, c'est le chemin. Le chemin
des «trimardeurs».

ZOLA (Émile),
L'Assommoir, 1877, Le livre de poche.
Un grand roman populaire qui rendit
célèbre son auteur, qui avait largement
puisé son argot chez Alfred Delvau
(*Dictionnaire de la langue verte*, 1866).

Filmographie

De *Fric-frac*, de Maurice Lehman
et Claude Autant-Lara (1939),
qui jonglait avec le javanais,
à *La Haine* de Mathieu Kassovitz
(1995), en passant par *Touchez
pas au grisbi* (Jacques Becker, 1954),
*Faut pas prendre les enfants du bon
Dieu pour des canards sauvages*
(Michel Audiard, 1968), *Le Pacha*
(Georges Lautner, 1969), *Les Valseuses*
(Bertrand Blier, 1974), *Marche
à l'ombre* (Michel Blanc, 1984),
Tenue de soirée (Bertrand Blier, 1986)
et pas mal d'autres, les films ont
toujours su se nourrir de la faconde
argotique de leur époque.

HISTOIRE | GRANDES GUEULES | ARGOT LITTÉRA

Index   *Le numéro de renvoi correspond à la double page.*

Dans la même collection :

Responsable éditorial: Bernard Garaude,
Directeur de collection – édition: Dominique Auzel,
Secrétariat d'édition: Véronique Sucère,
Correction – révision: Jacques Devert,
Iconographie: Sandrine Guillemard,
Conception graphique, couverture: Bruno Douin.
Maquette: Ingrid Gerlach / octavo,
Illustrations: Jean-Claude Pertuzé,
Fabrication: Isabelle Gaudon, Hélène Zanolla

Aubin Imprimeur, 86240 Ligugé. — D.L. octobre 2000. — Impr. P 60740